「食」の図書館

カレーの歴史

CURRY: A GLOBAL HISTORY

COLLEEN TAYLOR SEN
コリーン・テイラー・セン【著】
竹田円【訳】

原書房

目次

序章　カレーとは何だろう？　7

カレーの定義　7　「カレー」という言葉　10
カレーのはじまり　15

第1章　カレーの起源　18

インド亜大陸の最初期の住民たち　19
アラブの民がもたらしたもの　21　ムガル朝と「コロンブス交換」　23
東インド会社の支配　28　インドの食べものと料理の技術　31
スパイスのすばらしさ　33　カレーの隆盛　35
ハーバート大佐の傑作レシピ　38　カレー冷遇時代　39
カレーの再定義　42　世界に広がりだすカレー　45

第2章　イギリスのカレー　47

「カレーはイギリスの国民的料理」　48
失敗に終わった最初のインド料理店　49
料理書の出版とカレーペースト商品化　51
カレーのない夕食なんて　53　手軽なカレー料理　54
王室も労働者も　56　富裕層向けの最初のインド料理店　59
カレー作り11箇条　61　大量消費の時代へ　63
タンドーリチキンの発明　65　バルチ料理　66
本物か本物でないか　69　超高級店　70

第3章　北米とオーストラリアのカレー　72

最初のアメリカ料理の本　72　カントリーキャプテン・チキン　75
「悪ガキ」シェフ、ランジ・スマイル　77　インド幻想　79
ブロベックの準インドカレー　81　メキシカン・ヒンドゥー　82
インド料理の知名度高まる　84　『インド料理への招待』　84
「頭脳流出」とアメリカカレー事情　86　カナダのカレー　89
オーストラリアのカレー　91　移民の流入と多様な食文化　94

第4章　離散インド人たちのカレー　97

奴隷から契約労働者へ　97　トリニダード・トバゴ　99
ガイアナ　104　ジャマイカ　105　モーリシャス　106
スリランカ　108　フィジー　111

第5章　アフリカのカレー　113

南アフリカ　114　アフリカのその他の国々　120

第6章　東南アジアのカレー　127

概観　127　タイ　131　タイの隣国　135
インドネシア　138　マレーシアとシンガポール　144

第7章　その他の地域のカレー　148

オランダ　149　ポルトガル　151
フランス　152　ドイツ　153　日本　155

第8章　カレーの今日、そして明日　162

謝辞　166

訳者あとがき　168

写真ならびに図版への謝辞　172

参考文献　173

レシピ集　181

注　185

〔……〕は翻訳者による注記である。

序章◉カレーとは何だろう？

料理に与えた影響の根源として……帝国主義にまさる物はない……帝国の潮流にはふたつの流れがあった。最初に帝国の中心から外へ向かった潮流は、本国の多様性と「辺境」文化を、すなわち帝国の縁における異種族混血料理を生みだした。次に帝国が後退するときの引き潮は、異国の味を覚えた植民者を故国へ運んだ。同時に、逆植民地化の力が解き放たれ、帝国の中心部だった都市に被支配者たちの居住区が飛び飛びに形成され、彼らの料理が持ち込まれた。

——F・フェルナンデス＝アルメスト『食べる人類誌』小田切勝子訳／早川書房

◉カレーの定義

グローバルという言葉にふさわしい料理があるとしたら、それはカレーだ。カナダのニューファンドランド島から南極、北京、ワルシャワまで、世界中でカレーが食べられない場所はないといっても過言ではない[1]。

とはいうものの、カレーとは何なのだろう? 「カレー」という言葉の定義は曖昧で、何かと議論の種になる。そこで、この本ではカレーを次のように定義するとしよう。カレーとは、スパイスを効かせた、肉、魚、または野菜の煮込み料理で、ライス、パン、コーンミール（乾燥させたトウモロコシを挽いて粉にした食べもの）などの炭水化物が添えられた食べもの。スパイスはその場で手作りしたパウダーでもペーストでも、店で売られている既成のスパイスミックスでもよい。

この非常に広い定義には多くの料理が含まれる。イギリス統治時代のインドで生まれた古典的なアングロ・インディアンカレー（インドがイギリスの植民地だった時代、インドに滞在していたイギリス人が自分たちの舌に合うようにアレンジしたインド料理）、タイの洗練されたゲーン、カリブ海の活力みなぎるカレー、日本人が大好きな庶民の味カレーライス、インドネシアのグライ、マレーシアの絶品ニョニャ料理、南アフリカのバニーチャウ、ボボティ、モーリシャスのヴィンダイ、そしてシンガポールの屋台に並ぶ激辛料理。ここに挙げたものもそうでないものも、カレーをめぐる物語については後ほどご紹介するとしよう。

カレーの第2の定義。汁気のあるものもないものも、カレー粉で味つけした料理はすべてカレーと認めることにしよう。ここで言う「カレー粉」とは既成のスパイスミックスのこ

インド料理の最大の特徴は、スパイスをふんだんに使う点にある。

カレーリーフは多くのインド料理に使用されるが、すべてのカレー粉に入っているわけではない。

と。一般的なスパイスミックスの成分は、ターメリック、クミンシード、コリアンダーシード、トウガラシ、フェヌグリーク（和名コロハ。油で熱するとほろ苦さと甘さの混じった特有の香りを発する）である（カレーリーフ 学名 murraya koenigii（和名ナンヨウザンショウ）という南インドでさまざまな料理に用いられる香りのよい葉は、入っている場合と入っていない場合がある[2]）。

こちらのグループには、ドイツのカレー・ヴルスト（焼いたソーセージにカレー粉とケチャップをかけた料理）、シンガポールヌードル、カレーケチャップがかかったオランダのフライドポテト、アメリカのカレーチキンサラダのような多様な異種族混血《ハイブリッド》料理が含まれる。

◉「カレー」という言葉

「カレー」という言葉の起源については、奇抜な（ときには吹き出してしまうような）たくさんの説があるけれど、おそらく、スパイスで味つけした野菜や肉の炒めものを指す南インドのカリル（karil）またはカリ（kari）という言葉が元になっているのだろう[3]。

17世紀初頭、ポルトガル人は「バター、インドの木の実の果肉……カルダモンとショウガをはじめ、ありとあらゆるスパイスを入れて……ハーブ、果物、千種類もの薬味を加え……蒸した米にたっぷりとかける」スープを「カリル」または「カリー」と呼んだ[4]。カリルは英語でカレーになった。19世紀に出版された、英語化したインドの言葉の語彙集『ホブソン＝

ジョブソン』を参照すると、カレーとは「肉、魚、果物または野菜を、細かく砕いたスパイスとターメリックをふんだんに使って料理した食べもの。大盛りのライスにちょっと混ぜて味をつける」とある。

そもそもインド人は「カレー」という言葉を使っていなかった。コルマ（ヨーグルトをベースにしたマイルドな煮込み料理）、ローガンジョシュ（ラム肉をトマトとヨーグルトで煮込んだムスリム料理）、モリー（ココナッツミルクとスパイスで鶏肉を煮込んだ南インドの料理）、ビンダルー（インドのゴアにルーツがある独特な酸味の辛いカレー）、ドピアザ（炒めタマネギを効かせたカレー）といった具合に、料理にはそれぞれ独自の名前があった。

しかし今日ではインド人も、とくに外国人と話をするときには、家庭で作る煮込み料理全般をカレーと呼ぶことが多い。インド料理の本で有名なマドハール・ジャフリーでさえ、1974年には、「カレー」という言葉は、中華料理全般を「チャプスイ（肉とモヤシ、シイタケ、タマネギなど野菜を炒めた米国式中国料理）」とひとくくりに呼ぶのと同じくらい、インドの偉大な料理を冒瀆する言い方だと書いていたが、2003年には『究極のカレーバイブル *The Ultimate Curry Bible*』という本を発表している。このことからも「カレー」という言葉がいかに広く普及しているかがうかがえる。

純粋主義者たちは、カレーと呼ぶに値するのは18世紀後半に英国領インドの台所で作りだされたものだけだと主張するだろう。この古典的なアングロ・インディアンカレーはケニ

スパイスを細かく砕く伝統的な道具――すり鉢とすりこぎ

ー・ハーバート大佐が考案したレシピによって完成の域に達した。大佐のレシピを簡単にまとめると次のようになる。油でタマネギを炒め、細切れ肉か魚を加え、水、だし汁、トマトまたはココナッツミルクで煮込む。スパイスを——その場で挽いたものでも既製のカレー粉でもよい——具を炒めている途中で加える。

アングロ・インディアンカレーにはかならず、ライス、ピーナッツ、薄くスライスするかすりおろしたココナッツ、ボンベイダック（バマロー（和名テナガミズテング）という魚の干物）、キュウリやトマトの薄切り、ピクルス、フルーツチャツネなどの付け合わせが添えられた。もともとイギリスの上流階級向けの料理だったが、徐々に中流階級へ、そして労働者階級の食卓へと浸透していった。カレーランチは、１９５０年代から60年代にかけて、そして70年代になっても、来客をもてなす人気のスタイルだった。

アングロ・インディアンカレーは、イギリスの料理書、移民、そして現代の企業戦士同様に大英帝国という巨大な組織の部署を転々とさせられた役人たちを通じて帝国全域に広まった。英国風カレーは、19世紀のアメリカ、カナダ、ニュージーランド、オーストラリアの酒場の定番メニューだった（オーストラリアでは著名な小説家がカレーを国民食にしようと主張したほどだった）。

19 世紀、さまざまな出来合いのカレー粉が発売され、イギリスの主婦は家庭で気軽にカレーが作れるようになった。

◉カレーのはじまり

カレーとその一族は、東南アジアとインドネシアの料理にもなくてはならないものだ。早くも紀元前3世紀にはインドの交易商人と仏教の伝道師が、タマリンド、ニンニク、エシャロット、ショウガ、ターメリック、コショウをこの地域に伝えた。8世紀になると、アラブの商人が中東、ペルシア、インドなどイスラム圏の他の場所からカボブ、ビリヤニ、コルマなどの肉料理を運んできた。

15世紀後半、ポルトガルが香辛料貿易を支配し、ペルシア湾、マラッカ海峡、インドネシア、インド、南アフリカという広域にまたがる一大交易網を築いた。ポルトガルの植民地は、新大陸、アフリカ、オセアニア、インド亜大陸間で、果物や野菜や木の実、その他の植物を世界規模で交換するいわゆる「コロンブス交換」の中枢だった。これらの植物の中でもっとも重要だったのが、トウガラシだ。トウガラシはまたたく間に世界各地の料理に取り入れられ、カレーに欠かせない材料となった。

17世紀、ポルトガルはイギリスとオランダに植民地の大半を奪われた。大英帝国は最終的にインド、セイロン、ビルマ、マラヤ、シンガポール、オーストラリア、ニュージーランド、北米のほぼ全域、トリニダード島、ガイアナ、フィジー、モーリシャス、アフリカの多

2001 年、イギリスの外相が、チキンティッカ・マサラは「イギリスの真の国民的料理だ」と宣言した。この料理がイギリス社会の多文化性を体現しているから、という理由だ。

くの地域を手中におさめた。オランダは、インドネシア、セイロン、スリナム、アンティル諸島（西インド諸島中の列島）、そして南アフリカを支配した。

そんな中、カレーの歴史における一大事件が起きた。１８０７年に大英帝国で奴隷貿易が違法とされ、１８３３年に奴隷制度そのものが廃止されたのだ。これを受けてイギリスは、解放された奴隷に代わる労働力として１００万人を超える長期契約労働者をインド亜大陸から西インド諸島、南アフリカ、マレーシア、モーリシャス、スリランカ、フィジーのプランテーションに連れてきた。新参者のインド人たちは移民先の土地の食材と自分たちの食習慣を合体させて、新種のカレーを作り出した。同様の現象はオランダの植民地でも起きた。

しかし、こうした流れは一方通行とはかぎらなかった。植民地支配の時代にさえ、人や食材や料理は植民地から宗主国へ細い筋となって流れ出ており、第2次世界大戦後に植民地が続々と独立するとその流れは奔流となってほとばしった。

今日イギリスでは数千軒のレストランやカレーハウス、ほぼ同数のパブでカレーを食べることができる。「カレーナイト」というイベントを開催する店もある。オランダのハーグやアムステルダムなどの都市では、多くのレストランでインドネシア料理やスリナム料理が食べられる。食材も手に入る。一方ニューヨークやロンドンのミシュランガイドの星を獲得した高級レストランでは、地元の素材で作られる洗練されたカレーを、上等のワインと一緒に味わうことができる。カレー——このきわめつけにグローバルな料理は、今も進化し、変化する時代に適応し続けている。

第1章 ◉ カレーの起源

インドといえば太陽だ。ぎらぎらと容赦なく照りつけ、
輿《こし》を、汗を、憂いを焦がして焼き尽くす。
蚊、盗賊、ココヤシ、バラモン僧、蛇
象、虎、そしてカレー。

――G・F・アトキンソン大尉『カレー&ライス――インドの「私たちの居留区」における社交生活の素材』（1859）

世界を隅々まで見渡しても、民族、言語、文化、宗教、気候、料理の多様性について、インド亜大陸にかなう地域はない(1)。インダス川とガンジス川が生んだ肥沃な平野、ベンガル湾沿いに形成されたデルタ地帯、マラバル海岸のスパイスガーデン。これらが、味わい深く変化に富む料理の土台となる豊かな実りを約束している。しかし、インドでは今でも各地方が、地元で生産された食材を使った伝統的な食のスタイルを守っているため、全国共通の調理方法や国民的料理といったものが存在しない。

インドは、その地理的条件のために先史時代から多くの移民や侵入者を引きつけてきた。彼らが食材や料理や調理技術を持ち込んだおかげで、インド料理は世界にも類のない多国籍料理となった。

そして、その流れは一方向ではなかった。インドも自国のスパイスや料理を他の地域へ輸出した。マンゴー、サトウキビ、紅茶、マリガトーニ・スープ（肉、野菜、米のスープ。南インドのラサムという料理をイギリス人がアレンジした）、ケジャリー（魚介類、卵が入ったカレー風味の炒飯。これもイギリス人がインド料理をアレンジ）、そして本書のテーマとなるカレーもそのひとつである。

◉インド亜大陸の最初期の住民たち

考古学的証拠によると、インド亜大陸の最初期の住民たちは、米、大麦、レンズ豆、カボチャ、ナス、バナナ、ココナッツ、柑橘系の果物、パンミツ、マンゴーを常食としていた。彼らは、世界ではじめて野鶏《やけい》を家畜化した。亜大陸はターメリック、ショウガ、タマリンド、ロングペッパー（piper longum）といった香辛料の原産地でもあった。

紀元前2000年頃から、インド＝ヨーロッパ語族の半遊牧民族が、カスピ海と黒海に挟まれた地域からインド北部へ、馬や牛、宗教、言語とともに移住するようになった。彼らの食べものは魅力的と言えるものではない。常食は、大麦をバターでカリカリになるまで焼いてから挽いて粉にし、ヨーグルト、水または乳と混ぜたものか、薄いお粥だった。

時代が下ると、彼らは小麦、キビ、米を栽培するようになった。ヨーグルトや精製バターのような乳製品は今と同じようにさまざまな形で消費されていた。なお、彼らの宗教的慣習が進化して、今日のヒンドゥー教やカースト制度になったことを付け加えておこう。

インド＝ヨーロッパ語族は本来は菜食主義者ではなかった。牛さえ食べていた。紀元前500年頃、仏教とジャイナ教というふたつの宗教が誕生した。これらの宗教は、非暴力を説き、動物を食用として殺すことに反対した。そのため菜食主義が普及し、禁欲的な生活が精神性や高い位と結びつけられた。部族社会が発展して王国や帝国が形成され、紀元前300年から西暦300年にかけてインドは世界でもっとも豊かな地域になった。

インドの商人たちは、コショウ、カルダモン、絹といった贅沢品をエジプト経由でローマ帝国へ輸出した。それらの品々は隊商がシルクロード経由でペルシア湾、中央アジア、中国へと運んだ。また、舟で東南アジアへ赴き、スパイスや織物だけでなく、仏教やヒンドゥー教、美術、舞踏の様式、インド式の国政術を伝えた。タミルナドゥ（インド半島南東端の州）に都があったチョーラ朝は強大な海運国で、セイロン島、ジャワ島、ボルネオ島、スマトラ島、マレー半島に植民地があった。

◉アラブの民がもたらしたもの

8世紀になると、アラブ商人がインドの西海岸に植民地を建設し、中央アジアからはイスラム教徒の戦士たちがインド北東部に侵入するようになった。当初は富の略奪を目的としていただけだったが、時代が下るとそのまま留まって土地を支配するようになった。13世紀中頃までに、ガンジス谷は、現代のデリー近くに首都を定めたイスラム教スルタン国の一部となった。それから300年以上にわたり、トルコ系、アフガニスタン系、中央アジア系の王朝が次々とインドの広域を支配し、豪奢な宮廷を建てると、イスラム世界中の学者や宗教的指導者が引き寄せられるようになった。

これらの移民がもたらした食材や料理は、紛らわしいことに「ムガル」――この言葉はインド料理用語から追放されるべきである!――と呼ばれている。ペルシアからはバラ水とサフラン、アフガニスタンと中央アジアからはアーモンド、ピスタチオ、干しブドウ、ドライフルーツ、中東からは甘いお菓子とペストリー（バターと砂糖をたっぷり配合した生地をパイのように層状に重ねて焼いたパン）がもたらされた。

彼らが運び込んだ料理には他にも、シャーベットと甘い飲みもの、プラオとビリヤニ（米

インド共和国は、28 の州と 7 つの連邦直轄領によって構成されている。いくつかの州はたいていの国より大きく、それぞれ独自の言語、民族性、文化、料理を持つ。

と肉を材料とする手の込んだ料理)、サモサ(肉または野菜を小麦粉の生地で包んで油で揚げた料理)、何十種もバリエーションがあるカボブ(串刺し焼き肉)、ヤクニ(白い肉入りスープ)、ドピアザ(タマネギと肉の煮込み)、コルマ(ヨーグルトでマリネした肉を弱火で煮込んだ料理)、キチュリ(米とレンズ豆のお粥)、ジャレビー(小麦粉と米粉の生地を油で揚げて砂糖シロップに浸したお菓子)、そしてナンとその他のパンがある。(2)

これらの料理の多くにはペルシア語の名前があった。ペルシア語は19世紀まで北インドの公用語だった。ある作家が言うように、「イスラム教徒は、少々禁欲的な雰囲気があったヒンドゥー教徒の食卓に、公私を問わず、どのような食事の場にも洗練された優美な作法が大切であることを教えた。イスラム教徒は、インドの食の形式にも内容にも影響を与えた」のだ。(3)

一方、あらたな主人に仕えるようになった地元の料理人たちは、自分たちのスパイスをつけ加えることで、ペルシア＝インド料理という新しい多国籍料理を創造した。

◉ムガル朝と「コロンブス交換」

1526年、モンゴル帝国の建国者チンギス＝ハーンの末裔バーブルがインド北部に侵入し、支配者を倒して、みずから全ヒンドスタンの皇帝を名乗りムガル朝を建国した(ムガル

インド人コックが伝統的な方法でカボブなどの料理を作っている。

はペルシア語でモンゴルという意味）。１７００年頃には、ムガル人は南端の地域を除くインド亜大陸全域を征服していた。ヨーロッパで「ムガル」といえば莫大な富と力を意味した。

アクバル帝（バーブルの孫）の廷臣アブル＝ファズル（１５５１〜１６０２）は、宮廷の豪奢な台所の詳細な記録を残した。彼が材料を記録した30種の料理は今でも北インド料理の定番だ。ギー（バターを煮て漉《こ》した精製バター。独特の香りとこくがある。）、クローブ、シナモン、カルダモンなどのスパイスがふんだんに使用されていることから、ムガル人が高度で贅沢な暮らしを好んでいたのだとすぐにわかるが、ほとんどの料理は、彼らより先にインドに侵入したイスラム教徒の支配者たちによってもたらされたものと変わりない（バーブルは、デリーで自分が倒した支配者に仕えていた料理人を数人雇ってさえいた）。太守（ナボブまたはナバーブ）と呼ばれたムガル帝国の将軍や貴族は、ラホール、ハイデラバード、アウド（ラクナウ）にそれぞれ邸宅を構えて地方色豊かな帝国料理を発展させた。

数百年間、ヨーロッパの人々はインド亜大陸へ通じる航路を探していた。スパイスはたいへんな贅沢品で、風味と医学的効能のためばかりでなく、富を顕示する手段としても重宝されていた。15世紀までアラブ商人が牛耳っていた香辛料貿易は、１４５３年にコンスタンティノープルがオスマン帝国の手に落ちたことにより中断された。１４９８年、ポルトガルの

想像力豊かな絵。4人のムガル皇帝（左端はバーブル帝）と廷臣たちが庭園の東屋（あずまや）でごちそうに舌鼓をうつ。

18世紀の絵。宮廷、もしくは貴族の邸宅の宴会の様子。

探検家バスコ・ダ・ガマがインド西部のマラバル海岸に到達し、ポルトガルはゴア島に要塞を建設した。ヨーロッパ人がインド亜大陸に建設した最初の軍事基地である（そして1961年に放棄された最後の基地でもある）。

ゴアは、ペルシア湾、マラッカ海峡、インドネシア、インド、セイロン、日本、そして南アフリカにまたがるポルトガルの一連の要塞と交易場の重要な中継地だった。いわゆる「コロンブス交換」において、ポルトガルとスペイン帝国（スペインとその植民地の総称）の植民地は、新大陸、アフリカ、オセアニア、そしてインド亜大陸間の、果物、野菜、木の実、その他の植物の地球規模での交換の中枢だった（1

580年、スペインはポルトガルを併合した)。その中でももっとも重要な食材、そしてカレーの物語に欠かせない植物が、トウガラシだ。

◉東インド会社の支配

1600年12月31日、エリザベス女王は、イギリス人商人の寄り集まりだった東インド会社にインドとの独占貿易権を与えた。東インド諸島(インドネシア)ではオランダが優勢であったため、イギリスはインドに力を注いだ。東インド会社は、インドの東海岸と西海岸に交易場を次々と建設し、影響力を徐々に内陸部に拡大していった。1757年、東インド会社の軍隊はムガル帝国の長官が率いる軍を撃破し、(名目上はイギリス政府に帰属していたものの)インドの広い地域を実質的に支配するようになった。

1797年、イギリスはポルトガル領であったゴアに侵入し、その後ふたたびポルトガルに返還するまでの17年間、ゴアを占拠した。その間にイギリス人はゴア料理と出会った。牛肉と豚肉から作られることの多い伝統的なポルトガル料理と地元の食材を融合させた料理だ。もっとも有名なゴア料理がビンダルー(vindalooはポルトガル語のvinha e alhos、すなわちワインまたはワインビネガー vinho とニンニク alho に由来する)。ビンダルーは、酸味の効いたとても辛いポークカレーで、ココナッツビネガー、スパイス、赤トウガラシが入って

18 世紀、インドに滞在した英国人はかなりの贅沢を味わっていた。

ボンベイは東インド会社が拠点とした3つの主要港のひとつだった。

いる。イギリス人はゴアを引き揚げるとき、ゴア料理とゴア人の料理人も連れ去った。

19世紀を迎える頃、インドには数千人の東インド会社の弁務官と軍の将校がいた。彼らは自分たちのことを「インディアン」もしくは「アングロ・インディアン」と呼んだ。英領インドはマドラス（現チェンナイ）、ボンベイ（現ムンバイ）、カルカッタ（現コルカタ）に本部を置く3つの行政管区に分けられた。

しかしながら東インド会社は1833年にインドにおける独占貿易権を失い、1857年の暴動（イギリスの歴史家はこれをインド大反乱と呼び、インドは第1次インド独立戦争と呼ぶ）によってムガル帝国は滅亡し、インドはイギリス政府の支配下に置かれるようになる。1877年、イギリスのヴィクトリア女王は「インド女帝」の称号を名乗り、インドは正式に「インド帝国」となった。

それから1947年にインドが独立するまで、インド亜大陸のほぼ60パーセントの地域はイギリスの直轄領となった。イギリスの領土と行政機関はどちらもしばしば「ラージ」と呼ばれた。北西部のパンジャブ、中央部のアウド、英領ビルマ（現ミャンマー）の3つの行政区もここに含まれた。地方の支配者が治めるいわゆる藩王国は、実際にはイギリス政府に服従していた。

●インドの食べものと料理の技術

18世紀末まで、商売一本槍だったイギリス人は、インド人に対する人種差別感情をほとんど持たなかった。東インド会社の商人たちは先住民に倣って生活していた。インドの言葉を話し、インド人女性を妻や愛人とし（彼女たちはしばしば「スリーピング・ディクショナリー（「ベッドで現地語を教える女」の意）」と呼ばれた）、インドの服を着て、地元の料理人が調理したインド料理を食べた。

こってりとした肉料理の代表的なメニューはプラオ、ビリヤニ（スパイスの効いた炊き込みご飯）、カボブ、ケジャリー、チャツネ、コルマ、カリアなどのムスリム料理（イスラム教徒の料理）だった。初期に移住したイギリス人たちは、スパイスを多用するインド料理にそれほど違和感を覚えなかったかもしれない。17世紀初頭のイギリスでは、料理にクミン、キャラウェー、ショウガ、コショウ、シナモン、クローブ、ナツメグをふんだんに使う中世の伝統が健在だったからだ。

当時も今と変わりなく、地域、宗教、共同体、カーストの違いを反映する亜大陸の食はじつに多様だった。それについて話し出したらとてもこの本にはおさまりきらない。基本の調理技術は、油で揚げる、焼く、ゆでる、煮込む、あぶるで、もっとも一般的な調理用具はヒンディー語でカラヒという、底が平らか、中央がちょっとくぼんだ深い両手鍋だ。

インドではごく一般的だが、西欧にぴったり相当するものがない調理のテクニックがある。ヒンディー語でブーナというもので、スパイス、ニンニクのすりおろし、タマネギ、ショウガ、ときによってトマトを少量の油でしんなりするまで炒め、そこに肉、魚、または野菜を加えて炒め、少量の水、ヨーグルト、その他の液体を一度に加える。加える液体の量や調理時間は汁気の多い料理にするか、汁気のない料理にするかによって変わる。これが、いわゆるカレーを作るときの基本技術だ。

インド料理の最大の特徴は、スパイスと、ニンニク、タマネギ、トウガラシなど香りの強い香味料を同時に使う点にある。なぜこれほどスパイスを使うのか。これについては諸説あるが、たいてい根拠はない。辛いスパイスを食べたからといって体温が下がるほど汗をかくわけではない。腐った肉の匂いをごまかせるわけでもない。そもそもそんなものを食べたら

インドの家庭の伝統的な食事の支度

死んでしまうかもしれないし、少なくともひどく腹を下すだろう。

科学的根拠に基づく最新の説によると、スパイスに対する嗜好が進化したのは、スパイスには強力な抗菌性の化学物質が含まれていて、食品が傷む原因となる細菌やカビを殺したり、繁殖を抑えたりできるからなのだそうだ。そして抗菌効果は、タマネギやニンニクと組み合わせるといっそう強まるらしい。

◉スパイスのすばらしさ

食事を美味しくするという点では、スパイスは料理に風味ときめとこくを与える。貧しい人でも、シンプルな料理をお金をかけずに気の利いた味にすることができる。

スパイスはいろいろな方法で、調理のさまざまな段階で加えることができる。肉を料理するとき、最初にホールスパイス（種や実など原形を留めたままのスパイス）をギーか油で炒めると香ばしい香りが放出される。ホールスパイスを野菜や肉や骨がらと一緒に水からゆでればだし汁になる。スパイスを細かく挽いてペースト状にしたものを、タマネギ、ニンニク、ショウガ、ヨーグルト、ココナッツミルク、ビネガーなどの液体と炒めて水分を加えるとグレービー（煮込み用ソース）になる。

スパイスをパウダー状にすりつぶしても密封容器に入れておけば2週間はもつ。パウダースパイスは、油を使わずに軽くあぶって香りを引き出す場合が多い。テンパリングという技術では、ホールスパイス、またはパウダースパイスを少量の油で炒め（タマネギやニンニクを加える場合もある）、仕上げに料理にかけて香りづけする。

ヒンディー語で、スパイスミックスをマサラという。マサラの成分は、地方ごとの好み、宗教、料理の他の材料など、多くの要素に左右される。亜大陸のどの地域のマサラにもほぼ例外なく入っているスパイスがクミン、コリアンダー、トウガラシだ。

ヒンドゥー教徒は豆料理や野菜料理にターメリックをひとつまみ加えて、香りと色をよくする場合が多い。ベンガル地方（インド北東部、現在インドとバングラデシュに分断されている地域）の基本的なスパイスミックスの材料は、クミン、ブラックマスタード・シード、ニゲラ、フェンネル、フェヌグリーク。

南インドの菜食料理の典型的なスパイスは、コリアンダー、クミンシード、ブラックペッパー、マスタードシード、フェヌグリーク、アサフェティダ（厳密なヒンドゥー教徒はアサフェティダをニンニクの代用品とする）、そしてカレーリーフ。

北インド料理では、ガラムマサラ（「熱いスパイス」という意味）というスパイスミックスを使う。これは、シナモン、クローブ、カルダモン、ブラックペッパー（まれにターメリック）が入っていて、肉料理にえもいわれぬ香りを与えるムスリム料理と縁の深いスパイスだ。

●カレーの隆盛

18世紀末、「カレー」という言葉はイギリス人の間にすでに浸透していた。ハイデラバードのニザーム（インド中南部ハイデラバード藩王国君主の称号）の宮廷で軍医総監を勤めたロバート・フラワー・リッデル医師（1798年生まれ）は古典的名著『インドの家政とレシピ *Indian Domestic Economy and Receipt Book*』（1841年）で、カレーを次のように説明している。

カレーは、肉、魚、または野菜から作られる。最初にこれらを柔らかくなるまで炒めて、パウダースパイス、トウガラシ、塩を、肉と肉汁に対して決まった割合で加える。汁気のないものも、汁気の多いものもある。実際、カレーはほとんどどんなものででも作れる。どのような味にするかは、料理に対するスパイスの割合と、トウガラシとショウガで加えられる暑さ（辛さ）によって決まる。肉はバター、ギー、油または脂肪で炒める。グレービー（ソース）、ヨーグルト、乳、ココナッツの果汁、野菜などを加える場合もある。

リッデル医師のレシピはニザームの宮廷料理を紹介したもので、サランというカレーによく似た料理や、肉や野菜のさらっとしたスープなどのレシピも多く載っている。カレー粉のレシピは4つ紹介されており、成分はどれも同じだが配合の割合が異なる。

材料となるスパイスは、コリアンダーシード（炒めたもの）、ターメリック（パウダー）、クミンシード（乾燥させてパウダー状に挽いたもの）、フェヌグリーク、マスタードシード、乾燥ショウガ、ブラックペッパー、乾燥トウガラシ、ポピーシード、ニンニク、カルダモン、シナモン。チキンカレーを作るときは、このミックススパイスを大さじ1杯、青トウガラシを6本から12本（！）、そしてニンニクを1～3片入れるとある。タマリンド、ライム果汁またはマンゴー、ココナッツミルクまたはヨーグルト、ショウガを加えてもよい。

リッデル医師のレシピを上回る影響力があったのが、約30年後に出版された『マドラス料理の覚書 *Culinary Jottings for Madras*』（１８７８年）だ。著者はアーサー・ロバート・ケニ

19 世紀のインドの料理人たち

ー＝ハーバート大佐（１８４０〜１９１６）という人物で、ワイバーンというペンネームを使っていた。

ハーバート大佐は１８５９年、19歳のときに幹部候補生としてインドにやって来て、「カレー作りの技術に磨きをかけ、私たちが……フランス人のみごとな料理を模倣するのと……同じくらい情熱を傾けていた」世代の最後のひとりである親切な退役軍人によってカレーに引き合わされた。この老兵が催す昼食会には８種類から９種類ものカレー、作りたてのチャツネ（ペースト状の調味料、または果実などをスパイス、酢などで煮込んだもの）、焼いたハム、魚の白子、その他の薬味が用意されていた。客たちはカレーを一皿ずつ味わい、どこがいいのかを議論し、とくに気に入ったカレーをおかわりすることを求められた。

◉ハーバート大佐の傑作レシピ

フランス料理の熱心な崇拝者で擁護者でもあったハーバート大佐は、カレーにも、伝統的なフランス料理フリカッセ（細切り肉や魚を軽く焼いて煮込む料理）やブランケット（子羊や子牛などの肉をホワイトソースで煮込んだシチュー）と同じ細やかな気配りが必要だと確信していた。大佐が考えた、複雑で手間のかかるレシピは今も傑作とされている（ただし、現代の料理人は材料面でも技術面でも過分な負担を強いられるだろう）。

大佐は、カレーパウダーを自宅で大量に作ってガラスの密閉容器で保存することを勧め、その都度料理人に「カレーのようなもの」を作らせるような怠惰な習慣を叱責《しっせき》した。とはいうものの、市販のカレー粉を使うことには反対せず、バリーズ・マドラスカレーパウダー&ペーストを勧めている（ただし、ロンドンの食料雑貨店で売られているカレー粉にはコーンスターチなどの不純物が足されていると警告している）。

大佐のレシピには（181ページ「ワイバーンのチキンカレー」参照）、粉末クローブ、メース、シナモン、ナツメグ、カルダモン、オールスパイスを各少々、フェンネルの若い葉、フェヌグリーク、レモングラス、コリアンダーなどを「適宜」、または新ショウガのすりおろしを加えるとある。決め手となるのは、タマリンドやジャッガリー（ヤシの樹液から作られる未精製の赤砂糖）から生じるほんのり甘酸っぱい風味。イギリスでも入手可能な、許容できる代用品としてアカフサスグリのゼリー、ビネガーかライム果汁少々を足したチャツネ、あるいは細かく刻んだリンゴと酸っぱいマンゴーが挙げられている。

●カレー冷遇時代

19世紀中頃になるとイギリス人のインドに対する態度が変わりはじめた。1858年に東インド会社が解散させられ、1886年に帝国（後にインド）総督府が創設されると、その傾向に拍車がかかった。イギリスはインドに対する植民地支配をいっそう強め、そのため彼らが支配する民衆との亀裂は広がる一方となった。イギリス人がインド人の服を着ることは禁止された。また、あらたな支配層となったパブリックスクール出身の官僚は「先住民と同化した」老いぼれの東インド会社商人たちを蔑んだ。

1869年のスエズ運河の開通によって、以前より速く簡単に船でインドへ物資や人を運べるようになると、インド人妻や愛人はイギリス人妻に取って代わられた。しかしイギリス人妻たちは、正規の学校教育も家事の訓練も満足に受けていない者が多く、インドでは当然とされていた大勢の召使を管理する術を持たなかった。彼女たちはインド料理を敬遠したが、それは自分たちが支配する相手と距離を置き、旧世代の東インド会社の商人たちと自分たちを区別するためだった。

ケニー＝ハーバート大佐いわく、カレーは「社会的地位を失い」上流階級の食卓から姿を消した。とはいうものの、陸軍の薄汚い食堂、クラブ、そして一般のイギリス市民の家庭で、とくに昼食にはカレーは相変わらず食べられていた。

イギリスの役人の社交生活や仕事には接待が重要だった。公式の夕食会で客たちの前に並べられたのは「サケの缶詰、燻製ニシン、チーズ、燻製小イワシ、ラズベリージャム、ドライフルーツ。こうした品々はヨーロッパから送られてきたもので、入手するのが非常に難し

ロースト肉と輸入食品を目玉にした夕食会は、インド統治時代のイギリス人の社交生活に欠かせなかった。

く、それなりに値の張るものもあった」[4]。凝ったフランス語の名前がついた料理も外せなかった。

慣れない環境で奮闘する「奥さま」を助けるために、インドで長年召使として働いてきたイギリス人たちは食事のメニューやレシピを載せた家政の手引書を書いた。本のあらかたの頁はイギリスやヨーロッパの料理に割かれて、インド料理のレシピは違う章で、しばしば蔑視的な言葉で紹介された。

もっともよく知られた手引書の著者フローラ・アニー・スティールは「先住民の料理はたいてい途方もなく脂っこく、甘ったるい」と書いている。1880年にカルカッタで出版された『インド料理

の本 *The Indian Cookery Book* 』の著者は、ペロオ（プラオ）を「まぎれもないヒンドスタン料理」と呼び、そのいくつかは「何もかもアジア風で、これを食べてみろとヨーロッパ人を説得することはけっしてできない」と述べている。コルマについては、「ヒンドスタン・カレーの中でもっとも栄養価の高い食べものではある……が、ヨーロッパ人の口にはまったく合わない」と手厳しい。

●カレーの再定義

何をもってカレーとするのか、その定義はさらに狭められた。１８９１年にカルカッタで出版された19世紀の典型的な料理書にカレーの一覧表が掲載されている（在住歴35年の弁務官が著した『インドのカレーの本 *The Indian Curry Book* 』）が、これが21世紀のイギリスのカレーハウスのメニュー――ドピアザ、グレービーカレー、コフタ、ヒンドゥスタニー、フサイニー、コルマ、マレー、ビンダルー、カントリーキャプテン、ジャルフレジ、マドラス風マリガトーニ・カレー、チャーキー、バージー（野菜の天ぷら）、ダール、フィッシュ・モリー――と驚くほどよく似ている。中にはまったくカレーではない、インド料理の付け合わせといったほうがよいものもある。

料理書の著者の中には、ベンガルカレー、マドラスカレー、ボンベイカレー、セイロンカ

インドカレーの種類

バージー　野菜の天ぷら

ブーナ　強火で炒めながらゆっくりと水分を加えて作るため、
水気は少ないが柔らかく煮込んであるカレー。

セイロンカレー　ココナッツミルクで煮込んだ辛くてクリーミーなカレー

カントリーキャプテン・チキン　シンプルな料理。鶏肉で作ることが多い。

ダンサク　マイルドで甘酸っぱいパルシー料理。肉、レンズ豆、野菜が入っている。

ドピアザ　タマネギがどっさり入ったカレー

ヒンドゥスタニー　強い香りのスパイスを使った北インドのカレー

フサイニー　串刺し肉をグレービーで煮込んだ料理

ジャルフレジ　下ごしらえした肉、タマネギ、トマト、青トウガラシを炒め煮したドライカレー

カリア　魚、肉、野菜をショウガパウダーとタマネギのペーストを
ベースにしたソースで煮込んだ、香りのいい料理。

コフタ　肉団子のカレー

コルマ　肉をヨーグルト、クリームまたはココナッツミルクで煮込んだ、
マイルドで香りのいい白いカレー。

マドラスカレー　辛いカレー

マレーカレー　通常ココナッツミルクが入ったコクのある料理

モリー　薄いココナッツミルクで調理したカレー。具は魚である場合が多い。

パサンダ　細長く切った肉のカレー

パティア　マイルドで甘酸っぱい、パルシーの魚カレー

ファール　激辛カレー

ローガンジョーシュ　ヨーグルトに漬け込んだ肉で作る香りのいい、赤い色のカレー。

サラン　さらっとした肉、または野菜のカレー

ティッカマサラ　ひと口大に切った肉（たいてい鶏肉）を、
スパイスを効かせたピンク色のソースで煮込んだカレー

ビンダルー　もともと辛くて酸っぱいポルトガル・インディアンのポークカレーだったが、
今ではとても辛いカレーのことをいう。

ビンダルー。豚肉で作る辛くて酸っぱいゴア料理。英国のカレーハウスの定番メニューだ。

レーといったようにカレーを都市または地域ごとに分類する者もいた。リジー・コリンガムが指摘するように「アングロ・インディアンの地方の違いに関する理解は……少々大雑把だった。彼らは、目立ちはするが、かならずしも普遍的とはいえない特徴に目を向けがちであり、そうした特徴をその名前で分類したすべてのカレーに頑なにあてはめた」[5]。こうして、すべてのセイロンカレーはココナッツミルクで煮込み、すべてのマドラスカレーは辛く、すべてのコルマはヨーグルトから作られる羽目になってしまった。

　イギリス人はこれ以外にも数多く存在するインドの他の地域料理、たとえばグジャラートやマハラシュトラ（どちらもインド西部の州）の洗練された野菜料理、南インド地方のケララの複雑なシーフード料理、あるいはベンガルの刺激的な魚料理は好まなかった。また、異なる地域の素材をやたらに結びつけようとした。たとえば、南インドで広く使われるココナッツミルクを北インドのムスリム料理に入れた（ココーバン（フランス・ブルゴーニュ地方名物の鶏の赤ワイン煮）にゴマ油を足す感じと言えばいいだろう）。しだいに、カレーは地方色豊かな食べものから、汎インド的な料理になった。

●世界に広がりだすカレー

イギリスの役人たちは絶えずインド国内を移動していたため、カレーの均質化が加速された。旅の間、彼らはダック（ヒンディー語で「郵便」という意味）のバンガロー（幹線道路沿いにおよそ30キロごとに建てられた旅行者向けの宿泊所）に泊まった。料理人は、その土地で手に入るものを何でも利用して手早く食事を作った。よく出された料理のひとつがカントリーキャプテン・チキンだ。この料理はアメリカ南部でたいへん人気となった。１８０ページにリッデル医師のレシピを掲載したので参照されたい。

逆に、イギリス料理がインド風にアレンジされる場合もあった。ワインをベースにしたソースでニンジンとセロリと一緒に煮込む肉のキャセロールは、カレー粉少々をふりかけるとぐっと味が引き立った。インド人の料理人は、残りものの肉を細かく刻み、マッシュポテトと卵とパン粉でくるんで焼いて「チョップ」あるいは「カツレツ」を作った。トウガラシとタマネギが入ったインド風オムレツは、今でもコルカタの朝食の定番だ。

アングロ・インディアン料理の中にはイギリスの名物料理となったものもある。朝食によく食べられていたケジャリーは、魚の燻製とスパイスと固ゆで卵の入った炒飯だが、これは、インドならどこでも見かける米とレンズ豆のシンプルなお粥、キチュリをアレンジしたもの。もうひとつがマリガトーニ・スープ。南インドのラサムというレンズ豆とトウガラシとスパイスのさらっとしたスープをひとひねりした料理で、イギリス人はこれに鶏肉、羊肉、または野菜を加え、小麦粉とバターでとろみをつけた。

カレーはインドで「社会的地位を失った」が、イギリスでの状況はまったく違った。イギリスでは、新興勢力となった外国好きの中産階級の間でカシミールのショールから宝石、カレーまでインドのありとあらゆるものが流行していた。19世紀末を迎える頃、カレーはイギリス中産階級の食卓にすっかり定着していた。

第2章◉イギリスのカレー

僕とママとパパとじいちゃんとばあちゃんで
ウォータールーに行くんだ
僕とママとパパとじいちゃんとばあちゃんで
ビンダルーの入ったバケツを持って
――「ビンダルー」98年サッカーワールドカップのイングランド非公式応援歌

料理史上もっとも注目に値するできごとのひとつ、それはカレーがイギリスの国民的料理になったことだ。かつてイギリスの料理といえば薄味でおもしろみに欠けると相場が決まっていたが、今では「カレーを食べに行く（ゴーイング・アウト・フォー・カレー）」、しかも辛ければ辛いほどよい、というのが都市に住む多くのイギリス人のライフスタイルだ。イギリスでは、8000軒以上のレストランとカレーハウス、ほぼ同数のパブでカレーが食べられる。スーパーマーケットやデパートの食品売場にはいつでもテイクアウト用のインド料理が並んでいるし、インスタントや冷凍のカレーはどこでも買える。持ち帰り用料理といえば、まずカレーの名が挙がるほどだ。

●「カレーはイギリスの国民的料理」

2001年、当時の外相ロビン・クックが、チキンティッカ・マサラは「真のイギリスの国民的料理だ。それは、いちばん人気があるというだけでなく、イギリスが外部の影響をどう吸収し、適応させるかを完璧に体現しているからだ」と宣言した(1)。なぜイギリス人がインドの食べものに対して「異常なまでの愛情」を抱くのか？　クックが気づいたように、カレーは、多様な文化を柔軟に吸収するイギリス文化と、どんな土地にも適応できるインド料理の懐の広さを反映しているからだ。

第2次世界大戦の集結、そして1947年のインド独立後、移民が急増し、その多くがイギリス全土でケータリング会社や小さな商店、輸入業、レストランを営むようになった。カレーへの愛は、意識的にせよ無意識的にせよ、イギリスによるインド統治（ラージ）や、大英帝国が世界を支配していた栄光の時代を懐かしむ気持ちの表われなのだろう。1984年のテレビドラマ「ジュエル・イン・ザ・クラウン（イギリスのインドからの撤退を描いた）」の人気もこうした懐古主義を後押ししたと思われる。イギリスには、18世紀まで遡るインドとの古いつながりを持つ家もある。何はともあれ、カレーは刺激にとぼしいイギリスの伝統料理からのありがたい息抜きであり、「より辛く」、よりエキゾチックな料理を求める世の流れの一環なのだろう。

18世紀末、その富によって「ナワーブ」または「ネイボッブ」（インド帰りの成金）と呼ばれた東インド会社の商人たちが帰国しはじめた。多くはロンドンかロンドン近郊に住まいを定めた。「ネイボッブ様たち」は、当初リージェントパークの近くに住んでいたが、さらに高級な住宅街がベイズウォーターやサウス・ケンジントンに開発されるとそちらに移った。彼らは、インドで故国を再現しようとしたように、帰国してからは贅を尽くしたインドの生活を多少なりと取り戻そうとした。

経済的に余裕のある人たちはインドからコックを連れて帰ることができたが、それ以外の人はコーヒーハウスでカレーを食べることで欲求を満たした。１７３３年にヘイマーケットのノリスストリート・コーヒーハウスがカレー料理をはじめた。

◉失敗に終わった最初のインド料理店

最初の本格的なインド料理店は、１８０９年、ハイドパークの東に位置するメイフェア地区に開店したヒンドスタニー・コーヒーハウスだった（取り壊される前の建物には目印の記念板があった)。店の主人はセイク・ディーン・マホメッド(1759~1851)という興味深い人物で、イギリス軍で働いた後にアイルランド人女性と結婚したインド人だった。

彼は本場の味と雰囲気を再現して、「最高の美食家たちに、イギリスでこんなに美味しいカレーが食べられるのはここだけだというお墨つき」をもらおうとした。しかしレストランは流行らず、1833年に閉店した。1824年、ハノーバー・スクエアの近くに東インド会社元社員の集会所としてオリエンタルクラブができたことも店が潰れた一因だったのかもしれない。オリエンタルクラブは当初フランス料理を出していたが、1839年にカレーをはじめたのだった(今も当時のカレーをメニューに載せ、伝統を守っている)。

ウィリアム・メークピース・サッカレーの小説『虚栄の市』(1847~1848)には、ヒロインのベッキー・シャープがセドリー一家と夕食を伴にする滑稽な場面がある。ベッキーは、金持ちのネイボッブで、ボグリー・ウラーの徴税官ジョーゼフ・セドリーに気に入られようと、一度も食べたことのないカレーが好きなふりをして口から火を噴く羽目に陥る。ベッキーの驚きようから、このエピソードの舞台となった1815年には、カレーがアングロ・インディアン社会以外の場所ではあまり知られていなかったとわかる。

サッカレー『虚栄の市』のジョーゼフ・セドリーは、小説にはじめて登場したインド帰りの裕福な「ネイボッブ」のひとり。隣はベッキー・シャープ。

◉料理書の出版とカレーペースト商品化

カレーのレシピを最初に載せたイギリスの料理書は、ハンナ・グラースの『簡単に作れる料理の技法 *Art of Cookery Made Plain and Easy*』(1747)だった。当初のレシピは、実際はコショウとコリアンダーシードで味つけした香りのよいシチューだったが、1796年の版でカレー粉とカイエン(トウガラシ)パウダーが追加された。

カレーのレシピは、ウィリアム・キッチナー博士の『料理人の予言 *The Cook's Oracle*』(1816)、ダルガーン夫人の『料理の実践 *Practice of Cookery*』(1829)、メグ・ドッズの『料理人と主婦の手引書 *The Cook and Housewife's Manual*』(1826)、ランデル夫人の『家庭料理 *Domestic Cookery* 』にも登場する。ランデル夫人の本は1807年の初版から1841年までに65版を重ねた。新版の編集にあたったのは、インド在住の経験があるエマ・ロバーツで、そのためカレーをはじめインド料理のレシピが数多く編入された。中にはインド北部アウドの太守が考案したレシピもあった。

進取的な商人たちはカレーの製品化に乗り出し、健康への効用と美味しさを宣伝した。1784年のソルリエ香料店の宣伝には、カレーは「胃の消化活動を促し――血のめぐりをよくし――精神をはつらつとさせ――人類の繁殖に貢献する」とある（カレーの強壮効果をほのめかしている）。

セリムのカレーペースト（1930年代後半まで販売されていた）の製造者であるベンガル軍のウィリアム・ホワイト大尉は、1844年に『カレー、その特性と健康および医薬的効能』と題する小冊子を出版した。1860年代になる頃には、カレーペーストやマリガトーニ・ペーストやチャツネが、ロンドンのフォートナム&メイソンやホールズのような大型店や、ソーホースクエアのクロス&ブラックウェルの店で販売されていた。

これらのパウダーのもっとも一般的な成分は、コリアンダーシード、クミンシード、マスタードシード、フェヌグリーク、ブラックペッパー、トウガラシ、ターメリック、カレーリーフで、ショウガ、シナモン、クローブ、カルダモンが入っている場合もあった。ターメリックの輸入量は1820年から1841年にかけて3倍に増えた。基本的なカレーミックスの成分は今日南インドで使われているものや、ケニー・ハーバート大佐やリッデル医師のレシピのものと変わらない。

◉カレーのない夕食なんて

カレーは、摂政の宮（プリンス・リーゼント。後のジョージ4世。1811年から約9年間摂政をつとめた）とその取り巻きをはじめとする上流階級の間で流行したが、19世紀後半には、増大する富を背景に目新しい経験を貪《むさぼ》る都市の中流層の間でも人気になっていた。インドの織物、ショール、家具、食べものが脚光を浴び、かつて食卓にインドの食べものを並べることを嫌った「奥さま」たちが、今度はインドの料理に精通しているところをひけらかそうとした。

大衆向けの雑誌にカレーをはじめ、インド料理のレシピが掲載されるようになった。カレーが人気となった理由のひとつは経済的だったこと。カレーは残りものの肉や魚を使いきる理想の料理だったのだ。1851年、『現代の家庭料理 *Modern Domestic Cookery*』の匿名の著者は次のように記している。「カレーは、かつてはインドに長期滞在していた人の食卓にしか出てこなかったが、いまやカレー料理のない夕食はもの足りないと言われるほどすっかり定着している(2)」。

カレーがあまりに人気だったため、1845年のジャガイモ飢饉の最中、ノーフォーク公はアイルランドの貧民たちに、空腹をなだめたいならお湯に「カレー粉をひとつまみ」入れればよい、インドでは「国民の大多数がそうしている。実際、インド人にとってのカレー粉はアイルランドのジャガイモと同じなのだ」と言った。この発言でノーフォーク公はひどく顰蹙《ひんしゅく》を買った。タイムズ紙は、「この高貴な生まれの料理人は、カレー粉を手にひとつまみ持った姿で後代に伝えられるだろう」と言った。

ヨークシャーの詩人F・W・ムアマン（1872～1919）はノーフォーク公の発言を「空腹の40年代」という詩の中で取り上げている。

カトリックの公爵がいた。
手にカレー粉を持っていた。そして私たちの首領に言った。
腹が減って胃が締めつけられるときは、
パンの代わりにカレー粉を入れたお湯をすすればいい。(3)

◉手軽なカレー料理

ヴィクトリア朝時代にもっとも影響力があった2冊の料理書、イライザ・アクトンの『現

代の料理 *Modern Cookery in all its Branches*』（1845）とビートン夫人の『家政術 *Household Management*』の新版（初版は1861）は、カレーにまるまる数章を割いている。

ケニー・ハーバート大佐の手のかかるレシピと違って、ビートン夫人のカレーは調理に50分しかかからない。タマネギはあらかじめ炒めておくのではなく、肉と細かく刻んだリンゴと一緒に炒める（イギリスと北米ではカレーに甘酸っぱい風味を足すため、刻んだリンゴを入れる習慣があった）。カレー粉はだし汁と一緒に入れる。小麦粉でとろみをつけ、ココナッツミルクの代用としてクリームを用いる。ビートン夫人はカレー粉を「信用のおける店で購入する」ように勧めている。というのは家で作ったものより「たいていはるかに品質がよく……経済的」だからだ。

もっぱらインド料理を取り上げる料理書も出てきた。1861年にオリエンタルクラブのシェフ、リチャード・テリーが『インド料理 *Indian Cookery*』を、インド人の料理人だったダニエル・サンチャゴが『カレー料理人の助手――イギリスで本場のカレーを作る方法 *The Curry Cook's Assistant: Curries and How to Make them in England in the Original Style*』（1889年／第3版）を、1895年にインド軍将校の妻ヘンリエッタ・ハービーが『カレーの本――家庭で作るアングロ・インディアン料理 *A Curry Book: Anglo-Indian Cookery at Home*』

を出版した（ハービーはボンベイからデグチというインドの鍋を持ち帰った）。ハービーは、マドラスカレー、ボンベイカレー、ベンガルカレー用に3種類のカレー粉の作り方を紹介しているが、市販のカレー粉を使うことにも反対ではない。

◉王室も労働者も

ヴィクトリア女王は一度もインドを訪れたことはなかったが、インドのすべてに魅せられていた。インドの絵画を蒐集し、インド人の召使を雇って民族衣装を着せた。女王がオズボーン・ハウス（イングランド南部ワイト島の旧離宮）に滞在するときは、ふたりのインド人コックが毎日カレーを作った。ヴィクトリア女王の息子エドワード7世はカレー専門のコックがいるサボイホテルに通いつめ、孫のジョージ5世はカレーとボンベイダック以外の食べものにほとんど興味がないと言われていた。

カレーは労働者階級にまで浸透し、大人気となった。カレーは経済的で栄養があると考えられていたし、大英帝国の栄光を連想させたからだった。ヴィクトリア女王の私的な料理長であったチャールズ・エルミー・フランカテリは、カレーのレシピを載せた『労働者階級のための簡単な料理の本 *A Plain Cookery Book for the Working Classes*』（1852）を発表した。匿名の作家（実はサッカレー）は、風刺雑誌『パンチ』の「詩で紡ぐレシピ」に登場する

1889年、ロンドンでJ. A. シャーウッドがインドのチャツネ、ピクルス、カレー粉のシリーズを売り出した。

「サミエル」の口を借りてロンドンの労働者階級の日常生活のひとこまを次のように描写している。

3ポンドの子牛肉を、僕の可愛いあの子が下ごしらえする。
上手に小さな四角に切り分け、
生意気なあの子は、タマネギ五玉を刻む。
いちばん大きいのが最高、とあの子のサミエルは考える。
そしてエッピング・バターを半ポンド、
こんがり色づくまで鍋で火にかける。
僕の抜け目のないあの子は次に何をする？
いい香りのするシチューに肉を放り込む。
そしてカレー粉を大さじ3杯
ミルクを1パイント（500ミリリットル）（うんとコクが出る）
30分間煮込んだらレモン汁を注ぐ。
さあ、いいぞ、この美味しい料理をとろ火で煮て——
最高に熱々のを出してくれる。

追伸――牛肉、羊肉、ウサギ、お望みとあらばロブスター、エビ、どんな種類の魚でもカレーに合う。

「出来上がれば、皇帝にだって出せる料理だ(4)」

●富裕層向けの最初のインド料理店

19世紀末から20世紀初頭にかけて、英国には数千人のインド人が住んでいた。おもに召使、学生、そしてベンガル出身の元船乗りだった。シレット地方(現在はバングラデシュの一部)――古くはポルトガル人に、その後はイギリス人に仕えてきた料理人たちのふるさと――の出身者が多かった。

1920年頃、ロンドンには大衆向けのインド料理店が何軒かあった。ホルボーン街のサリュート・エ・インド、コロネーションホテル&レストラン、そして移民が多かったイーストエンドのドック近辺のカフェなどだ。カレーハウスと呼ばれた最初期のレストランのひとつがシャフィ。従業員のほとんどは船乗りあがりで、やがて自分たちの店を開業するようになった。

富裕層向けの最初のインド料理店は、ロンドンのリージェント・ストリート99番地にあったヴェーラスワミーズで、今もロンドンの高級インド料理店のひとつ。ハイデラバードのム

ロンドン初の高級インド料理店、ヴェーラスワミーズの初期のメニュー。

スリムの王女のひ孫で、英国陸軍中将だったエドワード・パーマーが１９２７年に開いた店だ。

　パーマーは、インドからスパイスやカレー粉を輸入してニザームという商標をつけて販売するインド食材の専門店Ｅ・Ｐ・ヴェーラスワミー社の創業者でもあった。１９２４年にロンドン郊外のウェンブリーで開催された大英帝国博覧会でインド料理店を出店したところ、たいへん好評だったため、店を続けていく決意をした。[5]

　パーマーのレストランは、博覧会のカフェが再現したイギリス統治時代の雰囲気を継承していた。藤製の椅子、鉢植えのヤシの木、伝統的な召使用の服を着たインド人のウェイター。メニューには、ビンダルー、マドラスカレー、ドピアザ、色鮮やかなピラフなど、人気のアングロ・インディアン料理が並んだ。それほど冒険心の旺盛でない人向けにランプステーキやラム・カツレツなどのイギリス料理も用意されていた。

錚々《そうそう》たる顧客の顔ぶれの中には皇太子（後のエドワード8世）、スウェーデン王グスタフ5世、チャールズ・チャップリン、デンマーク王らがいた。その後レストランは下院議員チャールズ・スチュアートに売却され、1977年にはカメリア、ナミタのパンジャビ姉妹（ムンバイ生まれのインド人。本格的インド料理店のプロデュースや著作を通じてインド料理の啓蒙につとめる）が買収して店を改装し、往年の姿を取り戻した。

◉カレー作り11箇条

ヴェーラスワミーズの副産物のひとつが、愉快な小さな料理の本『インド料理 *Indian Cookery*』だ。この本は、表向きはE・P・ヴェーラスワミー本人が書いたことになっていて、序文には彼の（虚構の）半生記が載っている。1936年にロンドンで初版が刊行されてから何十回と版を重ねており、ヴェーラスワミーの教えは、アングロ・インディアンカレー作りの真髄をとらえている。

＊タマネギは薄くスライスすること。けっして焦がしてはいけない。
＊カレー粉、またはスパイスは数分間軽くあぶって、生々しい香りを飛ばす。
＊市販のカレー粉を使ってもまったく問題ない。純粋なカレー粉の成分はすべてインドの家庭の石のすり鉢で挽いたものと変わりないからだ。
＊インドで使われている「新鮮な材料」について熱心に語る人がいるが、彼らは自分たちが雇っているインド人の召使から聞いたことしか知らない。
＊どんな種類の油脂を使ってもかまわない。
＊ココナッツミルクは、たいていミルクかサワークリームで代用できる。
＊カレーは、絶対に小麦粉でとろみをつけてはいけない。スープの水気が多すぎるときはココナッツミルク、ミルク、またはドライココナッツを足す。さらに／または蓋をしないで煮詰める。
＊インドカレーにリンゴと干しブドウは入れない。
＊カレーとライスは別々の皿によそうべきである。ライスを皿の縁によそってはいけない。
＊カレーをデザート用のスプーンやフォークで食べてはいけない。
＊カレーの付け合わせとして正しいのは、パパドム、チャツネ、ピクルス、ボンベイダ

ック、サンバル。(6)

◉大量消費の時代へ

1947年以降、多くの移民がレストランやケータリング産業で働いた。みずから小さな食堂の経営に乗り出した者も少なくなかった。彼らの店のお得意客は、当初は他の東南アジア地域出身者か、インドに昔住んでいたか、戦争中インドに駐留していたイギリス人男性たちだった。これらの店では、料理書にレシピが載っているものや、イギリス統治時代の食卓に出されていた料理が人気だった。

ヌーンズ、パサックス(後のパタックス)、そしてS&Aフーズといった企業が、インド風スパイスミックス、ソース、チャツネ、ピクルスなどインド料理の材料の大量生産に乗り出した。1960年代にはカウンターカルチャーが出現し、ビートルズがインドに滞在したおかげでインド料理の人気が高まった。1970年代になるとインド系女優マドハール・ジャフリーが書いた料理の本や、彼女の料理番組がインド料理人気を煽った。

1971年のバングラデシュの建国によってイギリスにあらたな移民が押し寄せ、彼らの多くが「カレーハウス」(大衆向けのインド料理、パキスタン料理の店を広く指す言葉)に職を得るようになる。

カレーハウスの内装は長年赤い壁紙が特徴だった（イギリス植民地のクラブのしつらえを再現しようとしたのだろう）。ほとんどの客は午後11時、パブの閉店時間直後に姿を現わす。週末の晩にたっぷり酒を飲んでから「カレーを食べに行く」のが、ある種の階層のライフスタイルになった。

カレーは既製のソースで調理されることが多いため、どの店のカレーも似たような味になる。パット・チャップマンは、『カレーバイブル *The Curry Bible* 』でイギリスのインド料理店でもっとも人気がある16種類のカレーを挙げている。バルチ、ブーナ、ダンサク、ジャルフレジ、キーマ、コフタ、コルマ、マドラス、マサラ、ミディアム、パサンダ、パティア、ファール、ローガンジョシュ、ティッカマサラ・カレー、ビンダルー――ここに挙げられたカレーは、１８８０年に出版された『インド料理の本 *Indian Cookery Book* 』に掲載された料理と大差ない。

こうした料理はどれほど「生粋」といえるのだろうか？　世界中の典型的なインド料理店のメニューはほとんど人為的に創られたものだ。通常、インドの家庭では料理が順番に出てくることはない。ほぼ一斉に料理が並べられ、食事が終わるまで片づけられることはない。付け合わせは少量の肉、魚、野菜、ピクルス、チャツネ、サラダ、ヨーグルト。西洋では通常肉
主要な栄養はライスかパンの炭水化物と、ダール（ゆでたレンズ豆）から摂取される。

がメインディッシュだが、インドには、主菜、前菜、デザートといった概念がない。レストランの主人たちは、非インド系の客への受けを良くするために、インド料理を西洋式の食事のパターンにあてはめた。

サモサ、パコラ、カボブ、かごに入ったパパド、またはパパドム（レンズ豆の粉で作る、パリパリとした食感の丸いおせんべいでコリアンダーやタマリンドのソースが添えられている）のような屋台食や軽食は前菜とした。ダールをスープにして出すことはあっても、メインディッシュにはしない。インドでは祭日の食べものか午後の軽食だった菓子がデザートになった。

◉タンドーリチキンの発明

１９７０年代になると、タンドーリレストランが人気になった（ただし、タンドール——粘土のかまど——がヴェーラスワミー社によって最初に輸入されたのは１９５９年）。

これらの設備は、すべて基本的には１９４８年にクンダン・ラル・グジュラールがニューデリーで開業した「モティ・マハル」というレストランの模倣だった。タンドリーチキンはパキスタンの難民だったこのクンダン・ラルが発明したもので、鶏肉をぶつ切りにしてスパイスを効かせたヨーグルトに漬け込み、自家製のタンドールで焼いた料理である。

彼は、より肥えた舌を満足させるためにバターチキンも考案した（残ったタンドーリチキンを使いきるためという説もある）。これはぶつ切りにして焼いた鶏肉をトマト、クリーム、バターソースで煮込む料理で、後にこれがチキンティッカ・マサラに発展した。タンドールで焼くナンなどのパンや、長い串に刺したカボブは名物料理になった。レストラン「モティ・マハル」は、中間層の客を引きつけるインド料理を出すレストランのさきがけだった（独立前のインドの中流層にはレストランで食事をする習慣がなかった）。

◉バルチ料理

次に旋風を巻き起こしたのがバルチ料理だ。この料理は、現在「バルチ・トライアングル」と呼ばれる南バーミンガムの一角から他の都市に広がった。起源はよくわかっていない。もとはインドとパキスタンにまたがる高山地域バルティスタンで作られていた料理だという説もあるが、その地方の食べものはバルチ料理とまったく似ていない。

別の説によると、「バルチ」という言葉はヒンディー語でバケツを意味するそうだ。おそらく、カラヒまたはカーハイという中華鍋を小さくしたような鍋のことだろう。北米にはカラヒゴーシュ、またはフロンティア・チキン（北西部の開拓地域のこと）というよく似た料理がある。

バルチの作り方は以下の通り。肉、野菜、シーフードをぶつ切りにして漬け込んでおき(通常下ごしらえをする)、強火で炒めてから、すりおろしたタマネギ、ショウガ、ニンニク、トマト、パウダースパイス、生のコリアンダーから作ったソースで煮込む。ナス、ジャガイモ、マッシュルーム、トウモロコシ、レンズ豆などを加えてもよい。調理した鍋に入れたままテーブルに出して、焼いたパンを小さくちぎって、すくって食べる。副菜と前菜は、フライドオニオン、サモサ、チャツネ、パパドム。なじみの客は店にアルコールを持ち込むことも多い。

バルチが人気の理由は単純明快だ。美味しくて、作るのが簡単で、安くて、客が自分用の料理を作ってもらうことも、他の人と分け合うこともできる。

カレーハウスのメニューにバルチ料理とタンドーリ料理が加わった。客は自分の好みの「辛さ」を注文できるようになり、激辛カレーを大量のビールで流し込むのが男らしいと言われるようになった。辛いカレーの代表格はビンダルーだが、それを上回る激辛カレーがある。ファールだ。ファールはヒンディー語で「果物」という意味だが、なぜそう呼ばれるようになったのかは不明である。辛いカレーは男らしいというイメージがあるため、1998年に開催されたサッカーワールドカップでは、「ビンダルー」の歌がイギリスのサッカーファンの非公式応援歌となった。

バルチ料理。中華鍋を小さくしたような鍋で調理され、そのままテーブルに出される。

パブやレストランは「辛ければ辛いほどいい」となった。

◉本物か　本物でないか

1960年代から70年代にかけて料理書や雑誌を通じてカレーのレシピが広まった。おなじみのアングロ・インディアン料理のレシピを網羅したハーベイ・デイの『インドのカレー *Curries of India*』はベストセラーになった。

カレーを普及させた最大の功労者は、1982年にカレークラブを創設したパット・チャップマンだ。彼が多くの本や出版物を通じてイギリスのカレーハウスやバルチ・レストランのレシピを紹介したおかげで、こうした料理を自宅で作ってみたいと思っていた非インド系の人々も気軽に試せるようになった。

「純粋主義者」は、イギリスの大衆は「本物でない」料理を出すレストラン店主にかつがれていると主張する。これに対してチャップマンは次のように回答している。店どうしの競争が厳しく、素早く料理を用意しなくてはならないインド料理店では、家庭で料理するのと同じ技術や材料ではやっていけない。そして、インド料理店の「定石通り」に作られたカレーはいつだって最高に美味しい、と。1984年以来、コブラビール（イギリス原産のインドビール）は、カレークラブの会員の報告を元にイギリスのカレーレストランとバルチハウスベスト100を選出する『グッド・カレー・ガイド』のスポンサーをつとめている。

◉超高級店

1982年、カメリア・パンジャビがケンジントンに「ボンベイブラッセリー」を開店した。そこにはインド料理を讃《たた》え、インド料理店は低所得者層向けというイメージを覆そうとする思いがこめられていた。

その他の超高級インド料理店には、1984年にソーホーに開店したレッドフォート（富裕層向けの北インドのムスリム料理とタンドーリ料理の店）、チェルシーにあるパンジャビ姉妹のチャツネ・メアリー（1991年開店。インドの6つの地域の料理が名物）、サイラス・トディワラのカフェ・スパイス・ナマステ（1991年開店。ゴア料理やパルシー料理など地方の名物料理の店）、ザイカ、チョービザー、シナモン・クラブがある。

そして、「英国カレー年代記」に新たな頁が書き加えられた。ロンドンに超高級インド料理店が出現したのだ。2008年、アマヤ、ベナレス、クイロン、ラソイ・ビネット・バティア、タマリンドの5つのインド料理店がミシュランの星を獲得した。洗練された内装、充実したワインリスト。昔のカレーハウスとは大違いだ。

ベナレスのアトゥール・コハール（はじめてミシュランの星を獲得したインド人シェフ）が、BBCの「グレート・ブリティッシュ・メニュー」という料理番組でロンドンおよびサウスイースト地区の代表をつとめるまでになった。インド料理がイギリスの生活にどれほど深く浸透しているかのきわめつけの証《あかし》といえよう。

第3章◉北米とオーストラリアのカレー

インドへの道!
はるかコーカサスより吹き寄せる爽やかな風が、ゆりかごを揺らす。
ユーフラテス川は流れ、過去がふたたび照らしだされる。
見よ、魂、繰り越されし思い出を
東の地の、古《いにしえ》の、何処よりも人集う豊かな土地
インダスとガンジスの、滔々《とうとう》たる流れ
(わたしが、今日歩くアメリカの海岸、見よ、すべてがよみがえる)
——ウォルト・ホイットマン「インドへの道」(1869年)

◉最初のアメリカ料理の本

18世紀にイギリスからアメリカへ移住した人々は、当時人気だった料理書とともに海を渡

ったのだった。ハンナ・グラース、ランデル夫人、ビートン夫人たちの料理書は、正規版も海賊版もただちにアメリカで印刷されて売り出された。北米生まれの最初のカレーのレシピは、18世紀にキャサリン・モファット・ホイップル（１７４３年生まれ。アメリカ独立宣言の署名者のひとりウィリアム・ホイップルの妻）が考案したアップル・カレースープだった。

アメリカで、本当の意味で最初に出版された料理書（そして最初のアメリカ料理の本）と考えられているのはメアリ・ランドルフの『バージニアの主婦の料理 *The Virginia Housewife or Methodical Cook*』（１８２４）だ。「東インド風」チキンカレーや、ナマズのカレー、カレー粉のレシピ（ターメリック、コリアンダーシード、クミンシード、ホワイトジンジャー、ナツメグ、メース、カイエンペッパーの分量はすべて同量と指示されている）が載っている。

イライザ・レスリーのベストセラー『料理の指南書 *Direction for Cookery in its Various Branches*』（１８４０）には、「インドで作られているのと同じマリガトーニ・スープ」や、チキンカレー、チキンプラオのレシピが載っている。アン・アレンの『主婦の助手 *The House Keeper's Assistant*』（１８４５）には、カレー、マレーカレー、カレー粉のレシピが紹介されている。

もうひとり、19世紀のアメリカの料理に影響を与えた人物が『家庭のレシピ *Domestic Receipt Book*』（1846）の著者キャサリン・ビーチャーだ。ビーチャーが考案した無国籍風カレーのレシピは次の通り。ゆでた鶏肉または子牛の肉をバターと少量のお湯で蒸し煮し、自家製カレー粉、炊いた米、小麦粉、だし汁を加えてとろ火で20分煮る。

独立革命以前、アメリカの富裕な植民者は、インドからお茶、コショウ、ショウガ、カルダモン、サフラン、ターメリック、クミン、カレー粉など多くの贅沢品をイギリスとカリブ海経由で取り寄せていた。1813年に東インド会社がインドとの貿易独占権を失うと、インド産のスパイスは手に入れやすくなった。1809年、ボストンに、インドや中国との間を往来する船の荷役を行なうインド埠頭が建設されると、わずか1日に80隻近くの船がカルカッタからの積荷を下ろした。1820年代から30年代のボストンの酒場や食堂では、チキンカレー、子牛肉のカレー、ロブスターのカレーが定番メニューだった。

アメリカ人は、インドから「辛い《ホット》」スパイスを輸入する一方、カルカッタやマドラスへ、ニューイングランド地方の凍った池や川で採れる氷《アイス》を大量に輸出していた。仲間のニューイングランドの超絶主義者たち（19世紀前半、ニューイングランド地方に興ったロマン主義運動）同様、インド哲学に魅せられていた詩人ヘンリー・デヴィッド・ソローは「マドラス、ボンベイ、カルカッタの……汗だくの住民が、私の井戸の水を飲」んだ、と書いている。そして、「清らかなウォールデンの水と聖なるガンジス川の水が混じり合う」と感慨に浸った。菜食主義者のソローが、インド料理に挑戦する機会はあったのだろうか。アメリカに住むインド人の数は相変わらず非常に少なかった。1820年から1900年の間に入国した計716人のインド人の大半は船員か長期契約労働者だった。

19世紀を通じて、大衆向け料理書はカレーのレシピをこぞって取りあげた。雑誌『グッド・ハウスキーピング』のフードエディターが著した『ミス・パローアの新しい料理の本 *Miss Parloa's New Cookbook* 』にはマリガトーニ・スープ、冷めた肉のカレー、カレー風味鶏肉のゼリー寄せなど9つのカレーのレシピが載っている。1887年11月25日のニューヨークタイムズでは、ロンドン特派員がダニエル・サンチャゴの『カレー料理人の助手』の書評で「七面鳥のカレー」を取り上げている。これを読んだ読者は、おそらく感謝祭の残りものでいつもの細切れ肉のシチューの代わりにカレーを作っただろう。

●カントリーキャプテン・チキン

アメリカ南部でもっとも人気のカレー料理のひとつがカントリーキャプテン・チキンだった。アングロ・インディアン料理なのだが、多くの人がアメリカで考案されたと信じていた。一説によれば、ひとりの船長《キャプテン》がインド産の香料を船いっぱいに積んでチャールストンの港に寄った際に街の女性たちから手厚い歓迎を受け、その温かいもてなしに応えようと、彼女たちの料理人にチキンカレーの作り方を伝授したのがはじまりで、その後彼にちなんで「カントリーキャプテン・チキン」と呼ばれるようになったのだという。

カントリーキャプテン・チキンのレシピがはじめて掲載されたのはイライザ・レスリーの『新しい料理の本 *New Cookery Book*』（1857）で、20世紀初頭にはニューヨークの人気レストラン、デルモニコのシェフ、アレクサンダー・フィリッピノがスグリや薄くスライスしたアーモンドを加えたオリジナルレシピを開発した。

フランクリン・D・ルーズベルト大統領は、後年別荘を建てたジョージア州ウォームスプリングスでカントリーキャプテン・チキンを食べてたいそう気に入った。彼のもとを訪れたジョージ・S・パットン将軍もこの料理が大好きになり、2000年、米国国防総省は戦場で兵士に配るインスタント食品のメニューにカントリーキャプテン・チキンを加えた。

著名な料理研究家で数多くの料理書を執筆したジェームズ・ビアードも、カントリーキャプテン・チキンにいたく感心して、ニューヨークの料理学校で作り方を教えていた。その後、ニューヨーク在住のフードライターでセシリー・ブラウンストーンという熱烈な擁護者が現われた。

彼女は、カントリーキャプテン・チキンの「女ひとりの保存会」と呼ばれ、40年近くにわたりカントリーキャプテン・チキンにまつわる神話を暴き、にせものを根絶してきた。1991年の電話インタビューでは、「胸肉を使うなんて、想像できますか？」と語っている。「誰とは言いませんが、本当にクリームを使うなんて信じられます？　クリームよ！　そして彼らはそんなものをカントリーキャプテンと呼ぶのよ！　ひどい話だわ」[(1)]。彼女もフィリッピノのレシピがお気に入りで、くりかえし活字にし、名著『料理の喜び *The Joy of Cooking*』をはじめとする多くの料理書に「記録として残すために」載せた。

もうひとつ、おそらく南部生まれの、アメリカで大人気だった料理がカレーチキンサラダ。ゆでた鶏肉を細切れにして、セロリと、さいの目切りにしたパイナップルかリンゴをお好みで加え、マヨネーズで和えてカレー粉で味つけする料理だ。19世紀はカキが安価で大量に出回っていたので――1874年にはニューヨーク市だけでオイスターバーが850軒以上あった――アメリカでもイギリスでもカキカレーがよく作られた。

◉「悪ガキ」シェフ、ランジ・スマイル

北米初のインド人シェフ――セレブな「悪ガキ」シェフのはしりでもある――それがランジ・スマイルだ。ニューヨークのレストラン経営者リチャード・シェリーにロンドンのサボイホテルで見出され、5番街にあらたに開業するレストラン、シェリーズのカレー専門シェ

フとして1899年ニューヨークへ連れてこられた。

スマイルは、記者たちに「カレーシェフの王」というあだ名をつけられ、「ニューヨークで流行の先端をいく人たちに東インド料理の奥義と喜びを教えた」ため、一夜にして時代の寵児になった。雑誌『ハーパース・バザー』の記事には「インドからやって来たシェフにご婦人がたはメロメロ」とある。ロサンゼルスタイムズは「すべてのインド料理の基本であるカレーは、食べた人をみなとりこにしてしまうらしい」と報じた。

スマイル（おそらく偽名だろう）は、生まれ故郷のカラチ、そしてコルカタやムンバイのホテルで腕を磨いたと言っていた。記者たちに、アメリカ人はあまりにせっかちで、牛肉にも鶏肉にも魚にも同じスパイスミックスを使うので美味しいカレーを作ることはできない、カレーはじっくり煮込まなくてはならない、けっして沸騰させてはいけない、すべて辛口とはかぎらない、と言った。

残念なことに、ランジ・スマイルは脚光を浴びてすっかりのぼせあがってしまった。「王子《プリンス》」と名乗るようになり、自分はバルティスタンの首長の4番目の息子で、ケンブリッジ大学を卒業し、エドワード7世とは個人的に懇意の仲だとうそぶいた。スマイルはシェリーズを辞めて自分の店を開いたが失敗した。酒の飲み過ぎ、風紀紊乱《びんらん》行為、連邦労働法違反（インドから不法就労者を連れて来た）で逮捕された。料理の実演をして日銭を稼ぐまでに

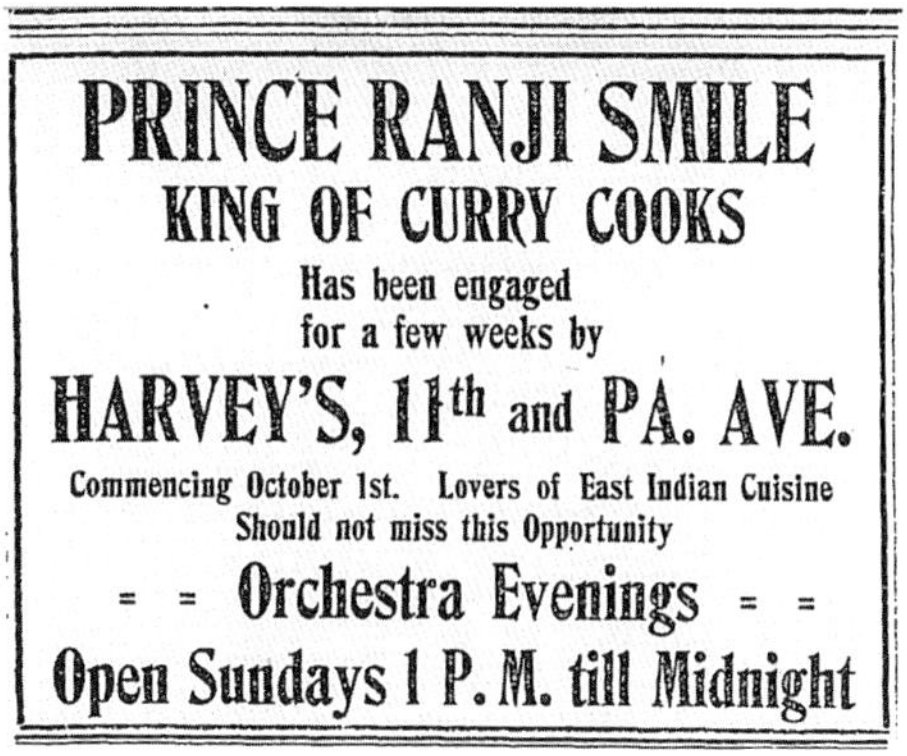
PRINCE RANJI SMILE
KING OF CURRY COOKS
Has been engaged
for a few weeks by
HARVEY'S, 11th and PA. AVE.
Commencing October 1st. Lovers of East Indian Cuisine
Should not miss this Opportunity
= = Orchestra Evenings = =
Open Sundays 1 P. M. till Midnight

「王子ランジ・スマイル」
成功にのぼせあがったシェフは、自分は王子で、王族の友人だとうそぶくようになった。

落ちぶれ、結婚と離婚をくりかえした（回を重ねるごとに相手の年は若くなった）。

1913年、ランジ・スマイルは、いちばん新しい妻を連れデリーへ旅立った。「キップリングの物語に憧れてインドにやって来たものの、美味しい食べものにありつけたためしのない哀れなアメリカ人観光客のために本物のインド料理店を」開くのだと言って。そうした店が日の目を見た、もしくはランジ・スマイルが料理人としてインドで名を残したという話は聞かない。

●インド幻想

1920年代末までに、ニューヨークには激辛カレーで有名なインド料理店が数軒できた。たとえば、ブロードウェイの西、44番街にはラージャという店が、また49番街にはセイロン・インディア・インという店があり、こちらは1960年代半ばまで営業していた。移民法によってアジア地域からの移民が排斥されていたため、アメリカのインド人人口は依然として非常に少なかった。1930年代には約3000人しかおらず、多くがニューヨーク市在住の学生だった。

当時のアメリカのフードライターは、インドの食べものに魅了されはしたものの、インドやインド人に触れる機会がかぎられていたため、しばしば現実を空想で置き換えた。1941年のニューヨークタイムズの記者は、とあるインド料理店について、店の名はあかさず、陶酔した調子で記事を書いている。「アーモンド形の瞳のインド人シェフが、雪のように白いターバンをきっちりと巻いて」謎めいた微笑を浮かべている。記者が「刺激的な香りがする……見たこともない、スパイシーなごった煮」の「カレーと呼ばれる珍しい東洋のラグー（イタリアの香辛料が効いた煮込み料理）」がたっぷり入った湯気のたった大鍋」を覗き込むと、「インドの歌」（ロシアの作曲家リムスキー・コルサコフのオペラ「サトコ」のアリア）がかすかに聴こえた気がした。

カレーソースの説明はさながら奇跡のオンパレードだ。「平均的な西欧人には信じられないほど複雑」で、トマトペーストや青トウガラシなど20種類から40種類のスパイスが入っている。名前があかされない店のメニューは、ジャワ島とセイロン島のピンク色のカレー、ハワイアンチキンカレー、スパイスの効いた黒っぽい羊肉のカレー、焼きバナナが添えられたミックスベジタブルカレー、カシューナッツ、さいの目切りにしたパパイヤとオクラ——これぞ「神秘の国インドの本物の料理」だった。(2)

◉ブロベックの準インドカレー

1952年、著名なフードライターで編集者でもあるフローレンス・ブロベックが『カレー料理 *Cooking with Curry*』(ニューヨーク)を出版した。これはアメリカではじめてまるごと1冊カレーをテーマにした本だ。ブロベックがはしがきで説明するように、カレーを紹介するほとんどの料理書は「素朴なアメリカの料理人を怖じ気づかせる」。というのも、カレー作りには大量の鍋、ふるい、こし器、外国産のスパイスを砕くためのすり鉢、「南洋の海から帰る船乗りがたまたま知り合いにいる場合にかぎり手に入る」珍しい果物、インドの単位やスパイスを表わす現地の言葉を翻訳するためのさまざまなインドの方言の知識が不可欠とされているからだ。

ブロベックは中流層の家庭用メニューとして、ハワイ、アルジェリア、オーストラリア、ニュージーランド、広東、中国、日本、ケージャン、西インド諸島、トルコの各国流のカレー、そしてボンベイカレー、カルカッタカレー、ベンガルカレーといった名前がついた準インドカレーを紹介している。いくつかの例外を除き、どのカレーも市販のカレー粉を使うよう指示されている。

◉メキシカン・ヒンドゥー

第2次世界大戦後、船を降りたベンガルの船乗りたちはニューヨークのハーレムに定住しはじめ、やがてアッパーウェストサイドにハラール（イスラム法で合法とされるもの。特に食品）の肉屋や小さなインド料理店を開くようになった。彼らの中にはプエルトリコ人やアフリカ系アメリカ人の女性と結婚した者もいた。

こうした混成コミュニティはカリフォルニア州のサクラメント・バレーにも誕生した。そこは20世紀初頭にパンジャブ地方出身の男性（おもにシク教徒）が農業を営むために移住してきた土地だった。

１９１７年に人種排斥法（アジアからの移民を制限する移民法）が施行されて、「非白人」の移民が途絶えると、多くの男性が地元のメキシコ人女性と結婚した。コミュニティに誕生した総計４００組のカップルは「メキシカン・ヒンドゥー」と呼ばれるようになった。

彼らの料理は、メキシコ料理とパンジャブ料理の要素を結びつけた。チキンカレー、ロティ（クレープのようなパン）、「ヒンドゥーピザ」などの料理は、今もカリフォルニア州ユバシティにあるラスール・エルランチェロ・メキシカンレストランの名物だ。

「メキシカン・ヒンドゥー」の夫婦。1917 年撮影。

◉インド料理の知名度高まる

1964年、ニューヨークで開催された万国博覧会を機にアメリカでのインド料理の知名度が高まった。フードジャーナリストのクレイグ・クレイボーン（1920～2000）はインド館の食堂を絶賛した。食堂の優美な造作、店員たちは「うっとりするほど礼儀正しく」、料理はじつに美味しく、「スパイスがしっかり効いているが、インド料理についてよく間違って言われるように、どうしようもなく辛いわけではない(3)」。

一方でクレイボーンは、ニューヨークタイムズにインド料理店の紹介記事をよく書いていたが、マンハッタンで料理の質にあたりはずれのないインド料理店を見つけるのは難しいとこぼしている。とはいえモティ・マハル本店で修業を積んだシェフがいたゲイロード・レストラン、とりわけこの店のタンドーリチキンは絶賛している。クレイボーンは、メニューに「カレー」風の料理がいくつかあることに触れている――「カレー」と鉤括弧でくくっているのは、クレイボーンによれば、「カレー」という料理はインド料理には存在しないからだ。

◉『インド料理への招待』

1974年、マドハール・ジャフリーの『インド料理への招待 *An Invitation to Indian*

Cookery』が出版された。クレイボーンはこの本を「おそらく英語で書かれた最良のインド料理の本」と評している。ジャフリーは序文でこう述べている。

私に言わせれば、「カレー」という言葉は、中華料理全般を「チャプスイ」とひとくくりに呼ぶのと同じくらい、インドの偉大な料理を冒瀆するものだ……「カレー」とはじつに曖昧で不正確な言葉だ。この言葉を世界に広めたのはイギリス人だが、そもそもイギリス人はこの言葉の意味を勘違いしていた……「カレー」が、伝統ある料理を単純化しすぎた名前なら、「カレー粉」は料理そのものを過度に単純化し（そして破壊し）ようとしている。(4)

マドハール・ジャフリーは、ベストセラーとなった『インドの味 *A Taste of India*』（1985）では「カレー」という言葉をひとつの料理にしか使っていない。1980年のベストセラー、ジュリー・サーヘニーの『インドの伝統料理 *Indian Classical Cookery*』には、北インドの料理には西洋やイギリスのカレー粉にぴったりあてはまるものは存在しない、つけ加えるなら、カレーと呼ばれる料理にいちばん近いのはサランという肉入りスープだ、とある（ただしイギリスの料理の本ではサランという言葉はめったに見かけない）。

とはいえ、こうした厳密な用法は過去のものとなったようだ。マドハール・ジャフリーがその後出版した『究極のカレーバイブル』には世界中のカレーの情報とレシピが満載されている。ラガバン・アイヤルの著書『カレー660 *660 Curries*』（ニューヨーク／2008年）はカレーの定義をさらに拡大している。660のレシピにはサラダ、豆料理、カボブ、パン、飲みものまで含まれている。

◉「頭脳流出」とアメリカカレー事情

アジアからの移民を制限していた移民法が1965年に撤廃されると、数十万人にのぼる専門研究者や技術者がインドからアメリカに移住した。有名な「頭脳流出」のはじまりだった。2005年の時点で、アメリカ在住の南アジア出身者は240万人にのぼった。ただしイギリスと違ってバングラデシュ出身者はごく少数にとどまる。

1970年代を迎える頃、全米の各都市にインド人が経営する小売店や飲食店が集中する地区が出現していた。代表的なものがニューヨーク市クイーンズのジャクソンハイツ、シカゴのデボンアベニュー、ロサンゼルスのパイオニア大通り、ヒューストンのヒルクロフトアベニューなどだ。今日では、どの都市や郊外住宅地にもほぼ例外なくインドの食材を扱う食料雑貨店があり、スパイス、ピクルス、果物、野菜、冷凍食品やインスタント食品、パンが置かれている。規模の大きいスーパーマーケットであれば、たいていインドの食材を購入できる。

アメリカの都市でインド料理店の数がもっとも多いのはニューヨークだ。店の質や料理の種類はじつに多様で、タクシー運転手が立ち寄ってケバブやビリヤニなどの北インド料理を食べる、狭くてむさくるしい「ダバ」と呼ばれる店から、タブラ（2010年で閉店）や、2004年に開店してミシュランの星を獲得したデヴィのようなおしゃれな高級レストランまである。

アメリカ人は総じてイギリス人ほどはインド料理になじみがない。アメリカとインドの間に緊密な歴史的関係がなく、中華料理、メキシコ料理、タイ料理の店がいたるところにあるため、スパイシーな食べものへの嗜好が満たされているからだろう。赤い壁紙やお決まりのメニューがあるイギリスのカレーハウスのような店もバルチ・レストランもない。アメリカのほとんどのインド料理店で出される料理は、パンジャブ地方の料理、北インドのムスリム料理、南インドの料理の寄せ集めだ。ニューヨークのグルメサイト menupages.com でメニューを調べてみると、「カレー」という言葉がイギリスほど使われていないようだ。まったく使っていない店も多い。

ニューヨーク、シカゴ、トロントなどの北米の都市にはインドの雑貨店や料理店が密集する地区がある。マンハッタン5番街の5丁目と6丁目に挟まれたこの地区もそのひとつ。

◉カナダのカレー(5)

18世紀から19世紀にかけて、アッパーカナダ（現在のオンタリオ州）に入植した移民は、ほとんどがイギリス諸島の出身で、当時イギリスで人気があった料理書を携えてやって来た。『ノース夫人の現代の実用的料理 *Mrs Nourese's Modern Practical Cookery* 』（１８４５）や、『クラーク夫人の料理の本 *Mrs Clarke's Cookery Book* 』（１８８３）など、初期のカナダの料理書には、カキ、トライプ（牛、ヒツジなど反芻動物の胃）、鶏、ウサギ、ロブスター、ジャガイモのカレーのレシピが載っている。クラーク夫人は、年配のアングロ・インディアンは美味しいカレーの作り方を心得ているが、北米ではインドに長期間在住した人の家庭以外の場所ではめったにお目にかかれないと述べている（夫人はさらに、インドでもカレー作りの技術は廃れつつあると言っている）。

初期の入植者たちは、長い冬の間、酢漬けにしたり、乾燥させたり、塩漬けにしたりした肉や魚を常食としていたため、それらの味を引き立たせる上でスパイスが重要な役割を果たした。１８３０年代に書かれたある開拓者の女性の日記には「私たちは、故国にいたときよりもずっと、ケチャップ、ソース、カレー粉のたぐいを消費している。新鮮な肉が何か月も手に入らないためだ」とある。ヘラジカの猟師は、１８７２年の『ジェントルマンズ・マガジン』で次のように語っている。「狩りに行くときは、故国から持ってきたカレー粉の小瓶をひとつかふたつ、かならず持って行く」。

カレーを上流社会に紹介したのは、イギリスと植民地の任地を行ったり来たりしていた高級官僚だった。1877年、元インド副王(イギリス人総督)で、カナダの総督となったダファリン卿は、ウィニペグ川で野営遠征を行なった際、客にカレーをふるまった。カレーやマリガトーニ・スープのようなアングロ・インディアン料理はアッパーカナダの公式晩餐会でよく出された(フランス料理の伝統が普及していたローワーカナダ――現在のケベック州――では、もちろんそんなことはなかった)

アメリカやオーストラリア同様、カナダの移民政策も非白人を排斥していたが、1962年にもっとも露骨な条項が廃止され、1976年には政策も一新されて、一定の教育水準、職業技術、語学力、家族の保証人の条件が満たされていれば非白人も受け入れられるようになった。2001年の国勢調査で、カナダには90万人超――全人口の3・1パーセント――のインド系住民がおり、そのうちトリニダード＝トバゴとガイアナの出身者がかなりの数を占めることがわかった。

ほとんどの移民はトロントとバンクーバーに住んでいる。これらの街では多様なインドの食文化が栄えている。サモサやカリブ風のカレー味のパティは街のいたるところで売られていて、国民的料理になりそうな勢いだ。
インド料理店も非常に充実している。トロントには、北米で唯一のチェティナード料理（スパイシーで辛みが強い南インドの地方料理）の店がある。ケララ料理、東アフリカのイスマイル料理、ガイアナ、トリニダード、スリランカ料理の店もある。バンクーバーには、カナダで最高級のインド料理店ビージズがある。高級志向の店でロンドンのミシュランの星つきレストランにも負けてはいない。

◉オーストラリアのカレー

オーストラリアの初期の入植者はほぼ例外なくイギリス諸島の出身だった。そのため19世紀には、当時人気のイギリスの料理書はすべてオーストラリアの書店で売られていた。オーストラリア人が書いた料理の本はそれほど多くはないが、アルフレッド・ウィルキンソン著『オーストラリアの料理人 *The Australian Cook*』（１８７６）、ランス・ローソン夫人著『料理と家政の手引き *Cookery Book and Household Hints*』（１８７８）、『オーストラリアのやさしい料理 *Australian Plain Cookery*』（第３版／１８８４）、『マクラーカン夫人の料理の本 *Mrs. Maclurcan's Cookery Book*』（１８９８）などがあった。

これらはイギリスの料理書を手本にしており、どれもカレーのレシピを載せている。たとえば、中流層の家庭向けのマクラーカン夫人の本には、マトンカレーライス、キャベツとジャガイモのカレー、カレー風味チーズカナッペ、焼きリンゴのカレー粉がけのレシピが紹介されている。

19世紀、オーストラリアにカレーがすっかり浸透していたことは、オーストラリアの小説家マーカス・クラークの諧謔的な文章からもあきらかだ。クラークは、フランス製のものを何でもありがたがる成金たちを軽蔑し、カレーこそオーストラリアの国民的料理にふさわしいと主張した。

新生オーストラリアの食のシステムの土台はカレーでなくてはならない――子ヤギのカレーに、卵3個、ココナッツの細切りまたはココナッツ・パウダー、トウガラシ2本、薄くスライスしたパイナップル半ダースを混ぜる……小さな川ザリガニは最高の具だ。コリアンダーシード、ターメリック、グリーンマンゴー、ドライジンジャーで味つけした若いウォンバットを食べたことがないなんて、オーストラリアに生まれた意味がない。私が同胞に恵んでやれるほど金持ちになったら、「メルボルンの」コリンズ・ストリートの店をひとつ買い取って……竹のベランダを作り、カレーハウスをはじめる。店にはカレーとペール・エールしか置かない。ウェイターは中国人。しみひとつない白いロ

ーブを来た、世界最高の召使だ。(6)

1830年代から少数のアフガン（アフガニスタン人。中東やインドの出身者も含む）がラクダを連れてやって来て、アウトバック（オーストラリア奥地）で働くようになった。アウトバックの苛酷な気候と地形を生き延びることができたのはラクダだけだった。現在、彼らがそこにいたことを証《あかし》するものはアウトバックを徘徊する野生化したラクダと、アデレードとダーウィン間を縦断するガン鉄道の名前だけだ。

オーストラリアの小説家マーカス・クラーク（1846～1881）はカレーを国民食にすべきだと提案した。

オーストラリアは１９０１年から１９４７年まで白豪主義政策を取り、非白人の移民を禁止し、強制退去させていた。１９４７年のインド独立、そしてスリランカの独立と内戦の後、アングロ・インディアン人（イギリス人男性とインド人女性の間に生まれた子供とその子孫）やスリランカのバーガー人（オランダ人やポルトガル人など男性入植者とシンハラ人やタミル人の現地人女性の子孫）が大挙して流れ込んできた。

●移民の流入と多様な食文化

白豪主義政策は１９７８年に廃止された。２００６年の時点で、オーストラリア全人口の約半数は国外で生まれたか、少なくとも片親が海外で生まれた人たちだ。移民の多くは、インド、フィジー、東南アジア出身者だ。移民の流入は、オーストラリアの料理革命とそれに伴って生じたワイン産業の爆発的興隆に重なっている。

現在、オーストラリアは世界でもっとも多様な食文化を誇る国のひとつ。中華料理、タイ料理、インドネシア、ベトナム、インド料理の店がオーストラリアの都市や町のいたるところにある。あるブログにはこんな記事が書かれている。

今日、オーストラリア人であれば、おそらく誰でも１軒のレストランでインドネシアのナシゴレン、ベトナムの果物ブオイ（ザボン）、ガーナの名物シトソース（発酵した魚やトウガラシが入ったソース）を注文できる……［そして］オーストラリア人であればおそらく誰でも、自宅でおもいきり凝ったエスニック料理を作ることもできる……ローストディナー、子牛のひき肉の煮込み、そして、厚切りの羊肉と干しブドウとバナナとイチゴジャムを煮こんで、仕上げにキーンズのカレー粉をひとつまみ加え、本場の味に近づける偉大なオーストラリアカレー。これらは遠い過去の料理になってしまったのだろうか(7)？

1860年代にタスマニアのジョゼフ・キーンが開発したキーンズのカレー粉は、今もオーストラリアで人気のカレー調味料だ。

第4章◉離散インド人たちのカレー

あの子はカリーをすっかり片づけて出てった
僕は毎日病気になるほど心配したヨ
日が暮れてから夜が明けるまで探し回った
家に帰ってもカリーはもうないヨ

――マイティ・トリニ（トリニダードの歌手）「カリー・タバンカ」

◉奴隷から契約労働者へ

イギリス人は英語圏の植民地にカレーを伝えた。一方、インド人は大英帝国のその他の地域にみずからその食習慣を伝えた。19世紀、広大な亜大陸は疫病、飢饉、貧困によって荒廃したものの、イギリス軍には新兵を、砂糖、ヤシ油、コーヒー、紅茶のプランテーションには農業労働者を無尽蔵に供給し続けた。

大英帝国で1807年に奴隷貿易が、1833年に奴隷そのものが廃止されると、かつての奴隷たちは骨が折れるプランテーションの労働を厭うようになり、モーリシャス、トリニダード・トバゴ、ガイアナ、マレーシア、南アフリカでは労働力が不足するようになった。そこでイギリス政府はカルカッタとマドラスに事務所を立ち上げ、インド人を契約労働者として雇い、これらの植民地で一定期間（通常5年から10年）働かせることにした。

契約労働者たちは必要最低限の衣食住と賃金を与えられ、契約が終了するときには故郷へ帰る渡航券か、働いた国の土地をただでもらえることになっていた。少数の例外を除き、ほとんどの人が土地を選んだ。

1834年に最初の契約労働者たちがインド洋西部のモーリシャスに到着してから1917年にこの制度が廃止されるまで、およそ150万人のインド人が大英帝国のインド以外の植民地へ移住した。新大陸では24万人のインド人がイギリス領ギアナ（現ガイアナ）へ、14万4000人がトリニダードへ、3万6000人がジャマイカへ移住した。南アフリカへはおよそ15万人。フィジーやマレーシアへ向かった者もいた。ほとんどの移民がインド北部および中部——現在のビハール州、オリッサ州、ウッタルプラデシ州——あるいは南部のタミルナドゥ州、アンドラプラデシ州の出身だった。

さらにイギリス政府はフランスやオランダと、両国の植民地に契約労働者を送る取り決めを結んだ。そのため1853年から1885年にかけて8万人のインド人がマルティニーク、グアドループ、フランス領ギアナに移住した。それより規模の小さい集団がオランダ領ギニア（現スリナム）に移り住み、彼らはヒンドスタン系といわれるようになった。1975年にスリナムが独立するとその多くがオランダへ移住した。

●トリニダード・トバゴ

南アメリカ大陸最北部のトリニダード・トバゴでは、人口100万人のうちインド系住民が40パーセントを占める。残り40パーセントはアフリカ系、20パーセントが中国系、ヨーロッパ系、中東系だ。トリニダードの料理は、これらすべての要素を組み合わせたものではあるが、カレーに代表されるインド料理は国民性のシンボルとされ、人気のカリプソやソカの歌詞にもなっている（カリプソはトリニダード島で生まれたカリブ海を代表する民俗音楽。ソカはカリプソとソウルなどが融合したポピュラー音楽）。

インド系トリニダード人のほとんどは、インド北東部および中部の出身でボージュプリー語という言葉を話していた。彼らの出自を考えると、インド系トリニダード人の食べもののある特徴について納得がいく。たとえばトリニダードでは、インド同様、パン（ロティ）には全粒小麦粉を使わない。それは、移民たちのふるさとでは小麦が育たず、彼らが最初に出会った小麦粉がおそらく輸入された精白小麦粉だったからだ。これらのパンを作るときはかならずベーキングパウダーがひとつまみ加えられる。

プーリー（揚げパン）、クルマ、その他の油で揚げた風味のよいスナックは、移民たちの祖先の故郷の料理とよく似ている。トリニダードの典型的なスパイスミックスの基本成分は、クミン、コリアンダー、フェヌグリーク、ターメリック――インドの農家で用いられるスパイスと同じだ。

トリニダードにやって来た移民たちには、1日分の食糧として、米、ひきわり豆、ココナッツオイルかギー（精製バター）、砂糖と塩、ターメリック、ときどき塩漬けか干物の魚、そしてタマネギが支給された。この地域ではカレーリーフやコリアンダーやミントが育たなかったため代用品が必要だった。コリアンダーの代わりとなったのが、排水路に自生しているシャドベニという地元のハーブだ。

トリニダードのカレーに用いられるチリ・ペッパーは、激辛のスコッチボネット（ひだが寄った小さな帽子（ボンネット）に似ていることからそう呼ばれている）。インドで「サグ」と呼ばれているホウレンソウに似た青物の代わりに、トリニダードとジャマイカではキャラルーというタロイモ科の植物の葉を使う。キャラルーは、ココナッツミルク、カニ、オクラ、トウガラシ、ハーブから作るスープの名前でもある。

標準的なトリニダード・カレーでは、肉（鶏かヤギの肉が多い）または魚を、あらかじめニンニク、タマネギ、トウガラシ、シャドベニ、そして「香味料」（刻んだチャイブ、パセリ、シャドベニ、ニンニクを束ねたもので市場で売られている）に漬け込んでおく。タマネギとニンニクを油でキツネ色になるまで炒め、少量の水で溶いてペースト状にしたカレー粉をソテーし（カリブ料理独特のテクニック）、肉をマリネ液ごと加える。最後にトリニダードの標準的スパイス、クミンパウダーをさっと炒ってふりかけて香りづけする。地元産のラム酒を少々加える場合もある。

トリニダードのカレーの特徴は、市販のカレー粉を使う点にある。そのため、どのカレーの味もよく似ている。いちばん有名なカレー粉は、1956年にひとりのシーク教徒が創業したターバン・ブランドと、若干「それより辛い」チーフ社のもの。とはいえ、「本格的」インド料理にもそれなりの特徴はあり、家庭でも特別な日には料理人がオリジナルのスパイスミックスを手作りする。

カレーの付け合わせはチャツネとソース。マンゴークチラ（クチラはチャツネに似た果物などの煮つけ）や、マンゴーとマスタードオイルのピックル、「お姑さん」という名前の強烈に辛い野菜の漬物（レリッシュ）もある。ロティでカレーをすくって食べる場合もあれば、包んで食べる場合もある。

トリニダードでは、「ロティ」（インドでは「ロティ」は酵母の入らない平たく丸いパンのこと）という言葉が、国民的料理でもある

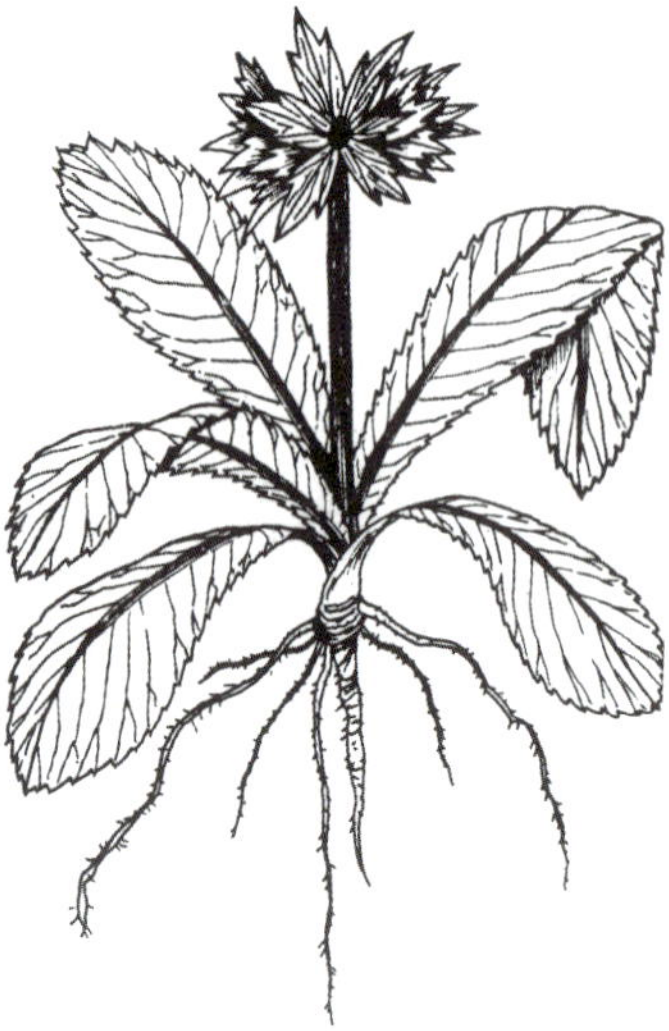

上：シャドベニは、トリニダード料理でコリアンダーの代用とされる地元のハーブ。

下：キャラルーは、タロイモの葉を指す場合もあれば、ジャマイカやトリニダードで人気のシチューを指す場合もある。

トリニダードの道路わきの食堂に掲げられた本日のおすすめ料理

人気の屋台食を指す場合もある。黄色い豆の粉をまぶした大きくて厚いロティで、肉、魚、または野菜のカレーを包み、パラフィン紙やホイルに入れて歩きながら食べる。もうひとつの人気の屋台食が「ダブルス」。こちらは油で揚げたターメリック風味の2枚のロティでヒヨコ豆のカレーをはさみ、スパイシーなチャツネとチリソースをかけたサンドイッチ。インドの軽食チョーレ・バトゥーレにそっくりだ。

トリニダード名物のパンといえば他にも、薄いロティがぼろぼろにちぎれた「バサップシャツ」ロティ（「はちきれたシャツbursted up shirt」からその名がついた）。焼いた生地にスパイスの効いたレンズ豆のカレーを詰めたダルプリ・ロティ、家庭でよく作られる、味のない白いパン、サダ・ロティ。そして、オイルロティというさくさくした食感のパラータ（薄くのばした全粒粉の生地にギーを塗りながら折り畳んで焼いたパン）がある。

●ガイアナ

ガイアナ（旧イギリス領ギアナ）は、南アメリカ大陸の北端にある小さな国で、人口の43パーセントをインド系が占める。ガイアナの料理はトリニダード・トバゴの料理に似ている。通常カレーがメイン料理で、精白粉で作ったロティと野菜の甘酢漬けとピックルがつく。ココナッツミルクで煮こむ料理が多い。料理が辛いのは、ガイアナ名物の、小さく、香りがよく、極めつけに辛いウィリウィリというトウガラシが入っているからだ。

ガイアナのカレーはたいてい目が飛び出るほど辛いが、さらに辛いピックルを付け合わせに食べたり、カレーをひと口頬張るたびに生のトウガラシをかじったりする人もいる。酸味が感じられるのはトマトやタマリンド、グリーンマンゴーが入っているからだ。

ガイアナでは、魚のカレーが大人気。とくに灌漑用水路や川に生息する淡水魚のカレーが好まれる。カレーにはたいてい野菜が入っている。鶏肉とカボチャ、アヒル肉とジャガイモ、羊肉とナス、エビとカボチャ、サヤインゲンと魚の干物、カニとナスの組み合わせが多い。インドと違って、カリフラワーや豆やニンジンのような温帯地方が原産の野菜は料理の伝統に取り入れられなかった。

◉ジャマイカ

ジャマイカでは全人口のうちインド系住民が占める割合は3パーセントにとどまるが、「ゴート・カレー」やロティやキャラルーのような伝統的なインド料理が、今では「ジャマイカ料理」と考えられている（ジャマイカの人たちは、「ゴート・カレー（ヤギ肉のカレー）」「シチュー・チキン（鶏肉の煮込み）」「ジャーク・ポーク（干し豚肉）」「スチーム・フィッシュ（蒸し魚）」といった具合に調理法をそのまま料理の名前にすることがある）。ジャマイカの国民食は、塩漬けの魚（タラ）とアキー（アフリカ西海岸原産の果物）を煮込んで、ブラックペッパーとスコッチボネット・ペッパーで味つけしたアキー・アンド・ソルトフィッシュ。

ゴート・カレーは祭日の料理で、市販のカレー粉とスコッチボネット・ペッパーで味をつけてココナッツミルクで煮込む。たいていライス・アンド・ピーズ（インゲン豆やキマメが入った炊き込みご飯。ココナッツミルクとスパイスの風味が効いている）が添えられる。ヤギの頭部やその他の部位（ペニスなど）、トマト、野菜、トウガラシを煮こんだ「マニッシュウォーター」というスープには強壮作用があると信じられていて、婚姻の晩に花婿にふるまう風習がある。

ジャマイカには、イギリスの伝統料理オックステール・シチューに、豆、オールスパイス

豆が入ったスパイシーなジャマイカ風オックステール・シチューは、イギリスの伝統料理をアレンジしたもの。

（ジャマイカではピメント（多肉甘味種のトウガラシ、赤ピーマンのこと）と呼ばれている）、スコッチボネット・ペッパーを加え、パンチの効いた味にした料理がある。エンパナーダ（南米全域でよく見かける肉や野菜入りのパイ）によく似たビーフパティは、スパイスで味つけしたひき肉を練り粉で包んだ料理。ジャマイカだけでなく、カナダのトロントなどカリブ海出身者が多い北米の都市で人気の軽食だ。

◉モーリシャス

マダガスカル島より東へ約８００キロ、インドから約４８００キロ離れたインド洋上に浮かぶ島国モーリシャスは言語と文化のるつぼだ。人口の３分の2がインド系（ヒンドゥー教徒52パーセント、イスラム教徒13パーセント）、30パーセントがフランス系モーリシャス人またはクレオール、そして3パーセントが中国系だ。公用語は英語だが、ほとんどの人がフランス語をベースとするクレオール語を話す。

モーリシャスは1598年から1715年まではオランダ、1715年から1815年まではフランス、そして1815年から1968年まではイギリスの植民地だった。1830年代からイギリス人によって連れて来られた契約労働者は約50万人にのぼる。大半はインド北東部の出身で砂糖のプランテーションで働いていた。

モーリシャス料理は、アフリカ、オランダ、フランス、インド料理の食材と技術の魅力的な結晶だ。カレーの具は、タコ、鹿肉とリルバ豆（西インドでよく見かけるほんのり甘くて苦い豆）、鶏肉とエビなど。ヴィンダイ（ビンダルーが語源だろう）は、マスタード、サフラン、トウガラシ、ニンニク、油、酢でマリネした生のマグロ、タコなどのシーフードが入ったカレー。人気のインド風の軽食はダルプリ。レンズ豆のカレー、ルガイ（スパイスを効かせたトマトベースのソース）、チャツネ、野菜のピックルをクレープのような薄い生地で包んだ食べものだ。

インドを植民地化していたのがイギリスではなくフランスだったら、インド料理はどうなっていただろう。そんな想像をめぐらすのが好きな方は、モーリシャスの洗練された料理をご覧になるとよい。

◉スリランカ

インド洋上の小さな島スリランカ（1972年までセイロンと呼ばれていた）。シンハラ人、タミル人、インド人、オランダ人、ポルトガル人、マレー人、イギリス人の影響が寄せ集められてできたモザイクのようなこの国には、植民地時代の重い歴史と料理が存在する。

香辛料の原産国であり、スパイス・ルートを往来する船の停泊場所でもあったスリランカには、古くから中東、ペルシア、東南アジアの商人たちが訪れていた。1505年に到着したポルトガル人は1653年にオランダ人に駆逐され、オランダ人は1792年にイギリス人にこの島を明け渡し、その10年後、セイロンはイギリス王の直轄植民地になった。19世紀になると、イギリス人は紅茶、シナモン、ゴム、砂糖、コーヒー、藍のプランテーションを建設して何千人もの契約労働者をインド南部のタミルナドゥ州から連れてきた。

スリランカ人口の80パーセント以上が、数千年前にインド北部からやって来た人々を祖先とするシンハラ人。その多くは仏教徒である。およそ10パーセントがヒンドゥー教を信じるタミル人。そしてごく少数ではあるがアラブ人やインド人の血をひくイスラム教徒もいる。また、オランダ人に連れてこられたマレー人、バーガー人――ヨーロッパ人（とくにオランダ人）とシンハラ人、またはタミル人の混血の子孫——もいる。ここ数十年間で多くのバーガー人は、オーストラリア、カナダ、イギリスへ移住し、自分たちの食習慣を移民先の土地に伝えた。

古典的なスリランカ料理の本『セイロン・デイリーニュース、料理の本 *The Ceylon Daily News Cookery Book*』（1929年に初版が出版され、今も参照されている）は、著者のヒルダ・ドートロム自身がバーガー人ということもあり、この国の多様性をよく伝えている。イギリス料理とアングロ・インディアン料理（マリガトーニ・スープやケジャリーなど）、ライス・アンド・カレー、サンバル（スリランカでは日本のご飯のおともに似た和えもののこと）、チャツネとピックル、シンハラ料理、タミル料理、シンハラとタミルのお菓子、オランダとポルトガルの菓子、そして「ショーティーズ（short eats）」——軽食という意味の気の利いた現地語——ごとに章が分かれている。

カレーにはライスがかならずついてくるが、ふつうに米を炊いたものと、ホッパー、またはストリング・ホッパーというスリランカの名物料理がある。ホッパーは、米の粉とココナッツミルクを発酵させた生地を丸く成形して焼いたパン。ストリング・ホッパーはホッパーを細い麺状にしたもの。

タミル料理もシンハラ料理もタマリンド、モルジブフィッシュ（モルジブ風カツオ節）、

スリランカの料理。魚のカレー、緑豆（ムングダール）、マンゴーのピックル、卵、ストリング・ホッパー（米粉の麺）。

ココナッツミルク、そして生のココナッツを多用する。アングロ・インディアン料理の本でセイロンカレーといえば、ココナッツミルクで煮込んだシーフードか魚のカレーのことだ。

スリランカの一般的なカレー粉の成分は、南インドのものとよく似ている。コリアンダー、フェンネル、クミン、フェヌグリーク、カレーリーフ、ドライココナッツ、マスタードシード、トウガラシ。シナモンやカルダモンのように香りの強いスパイスは、肉がベースのムスリム料理の場合に足される。

シンハラ人のカレーは色で区別される。ホワイトカレーは繊細な味の比較的マイルドなカレー。ブラックカレーは焼いたスパイスを使うため、深く、こくのある味。レッドカレーには赤トウガラシがたっぷり入っている。東南アジアのカレーのようにレモングラスやタコノキの葉を入れる場合が多い。

もっとも有名なスリランカのバーガー料理はランプライス（ランプレイスと言う場合もある）。リスターフェル（オランダ人が考案した、ライスと、肉、魚介類、野菜、香辛料などの入った小皿を並べたインドネシア風の食事）の簡易版といったもので、ギーライス（米をギーと香りのよいスパイスで炒めて炊いたもの）、4種類の肉の手のこんだカレー、冬瓜《とうがん》のカレー、バナナのカレー、バランチャン、トウガラシとタマネギのサンバル、フリカデル（オランダ生まれのスパイシーな肉団子）をそれぞれ蒸すか焼くかしたバナナの葉で包み、ココナッツヤシの葉の軸で縛ってからオーブンで温め、大きな皿に載せて食卓に運ぶ。客はめいめいひとつ以上包みを受け取り、包みをほどくとスパイスとバナナの葉のえもいわれぬ香りがたちのぼるという大がかりな料理だ。

ランプライスに何が入っているかという話題になるとスリランカ人は熱くなる。この料理にちなんだ幼少期の大切な思い出がある海外在住者にその傾向が強いようだ。

◉フィジー

南太平洋の島国フィジー。人口のほぼ半数は、1890年代後半にイギリス人たちが砂糖のプランテーションで働かせるために連れて来た6万人のインド人の子孫だ。フィジー料理はメラネシア、ポリネシア、インド、中華、西洋料理の要素の寄せ集めといえる。フィジーのカレーの材料は、パンノキ、ヤムイモ、キャッサバ（タピオカノキ）、タロイモの根と葉、シーフード。ココナッツミルクで煮込むものが多い。味つけには、ニンニク、ショウガ、ターメリック、コリアンダー、フェヌグリーク、クミン、醤油、トウガラシなどを使う。家庭で作る一風変わったカレーが「ツナ缶」カレー。具は、缶詰のツナ、タイセイヨウサバ、シヤケ。カレーとカレー粉は、フィジーからトンガやサモアなど太平洋の島々へと広まった。炭水化物として、ふかしたタロイモやパンノキを添える場合が多い。

第5章◉アフリカのカレー

彼女は何も特別じゃなかった。明るい娘じゃない。とくに可愛いわけでもない。
でも、彼女がコンロの前に立つと、美味しいボボティの匂いが漂ってくる。
料理鍋は教えてくれた。ボボティを作るのはたいへんな仕事なのだと。
コツを知らなければ、そして奥さんがいなければ
僕には絶対にボボティは作れない。

――ダイセルブルーム「ボボティ」

アフリカは、多くの文明が出会う場所。早くも紀元2世紀にはアラブの商人たちがアフリカの東海岸を訪れていた。1419年、ポルトガルが実入りのよい香辛料貿易の原産地へ通じる海の道を求めてアフリカの海岸を探検しはじめ、1488年にバルトロメウ・ディアスが喜望峰を発見した。ポルトガルは、1970年代までアンゴラとモザンビークを植民地と

した。一方、オランダとイギリスもアフリカ、とくにアフリカの南部と東部に強硬に進出した。

◉南アフリカ

南アフリカの料理はしばしば「虹」にたとえられる。オランダ系（後にアフリカーナーと呼ばれる人々）、イギリス系、フランス系、マレーシア系、インド系、アフリカ系住民によって構成されるこの国の多様な民族性を反映しているからだ。

1652年、オランダ東インド会社は、本国オランダとオランダ領東インド間を往復する船に食糧と補給品を供給するための中継基地、いわば17世紀版のトラックサービスエリアを喜望峰に建設した。オランダ人、フランスのユグノー、ドイツ系プロテスタントら植民者たちはここを永住の地と定め、自分たちの農園や台所で働かせるためにインドネシアやインドから奴隷を連れて来た。(1) 彼らとその子孫はケープマレー人と呼ばれるようになった（マレー語は通商の共通語だった）。今日、およそ18万人のケープマレー人が南アフリカの、おもにケープタウンで暮らしている。

1806年、ケープ植民地がイギリスの手に落ちると、先の入植者たちは北の内陸部への大移住を行ない（いわゆる「グレート・トレック」）、後にオレンジ自由州、トランスバール州、クワズールナタール州となる地域に定住した。イギリス人は砂糖、バナナ、紅茶、コーヒーのプランテーションで働かせる契約労働者15万人をインドから連れて来た。ほとんどが南インドの出身で、それより少ないが北部のビハール州、オリッサ州、ウッタルプラデシュ州からやって来た人々もいた。

1880年代以降はインド人実業家、商人、弁護士（若き日のマハトマ・ガンジーもそのひとりだった）もやって来るようになった。こうした「お客さんのインド人」の多くはインド西岸に位置するグジャラート州の出身者だった。彼らは小さな食堂や、インドのスパイスや調味料を商う店を開いた。

料理の腕で名高いケープマレー人は、初期のオランダ人入植者の間で家庭の料理人として引っ張りだこだった。インドネシアと交易のつながりがあったおかげで、シチューやカレー（ケリー）、ソーセージなどの焼きものにふんだんに使う香りのよいスパイスの供給は確保されていた。18世紀中頃になると、南アフリカ料理の調理法はオランダ料理との共通点が少なくなり、「西洋と同じくらい東洋にも多くを負う［ようになった］」(2)。

いくつかのケープマレー料理は、南アフリカの著述家ローレンス・ヴァン・デル・ポストが「御聖体に等しいほど」と呼んだように、南アフリカの生活に欠かせないものとなった(3)。その代表格が牛またはヒツジのひき肉料理ボボティだ。ひき肉をカレー粉（昔は生のスパイ

南アフリカ、ケープマレー料理を代表する一品、ボボティ。

スを使用した)、タマネギ、ニンニク、レモンリーフで味つけして、卵たっぷりの甘くないカスタードをかけてオーブンで焼く。アーモンド、干しブドウ、干しアンズを入れる場合もある。魚が入ったものなどバリエーションも豊富。

伝統的なレシピは、ヒルダゴンダ・ダキット(1840〜1905)による南アフリカ料理レシピ集の草分け『ヒルダの、レシピの「これはどこ?」*Hilda's 'Where is it?' of Recipes*』におさめられている。この本は1891年に刊行されて以来たびたび版を重ねた。鶏肉のカレー、キュウリのカレー(ヒツジのひき肉、パン、カレー粉が入っている)、ソサティのレシピも収められている。ソサティは、串刺し肉とスパイスソースという意味のマレー語が語源で、タマネギ、カレー粉、トウガラシ、ニンニク、タマリンド水に漬け込んだ羊肉を串刺しにして直火で焼いたカボブだ。

南アフリカ/ケープマレーの伝統料理といえば、トマトと羊肉のシチュー、ブレディーも忘れてはいけない。タマネギ、羊肉、野菜を炒めてトウガラシ、ショウガ、コリアンダー、シナモン、クローブなどのスパイスで味つけし、とろみがついてカレーのようなシチューになるまで鋳鉄の鍋で煮込む料理で、ウォーターブロッメジエという食用スイレンがよく入っている。

クックシスタというハイブリッド料理もある。油で揚げたドーナッツをショウガ、カルダ

ケープマレー料理のもうひとつの人気メニュー、ソサティ。

モン、シナモンの風味の甘いシロップに浸したお菓子で、インドのグラブジャムン（ボール状のドーナッツに甘いシロップを染み込ませた、世界一甘いといわれるお菓子）とヨーロッパの菓子パンを合体させたもの。

カレー（ケリー）は、最大の民族グループであるズールー族をはじめ南アフリカのあらゆる層に人気がある。ひきたての新鮮なスパイスとマレー風のカレー粉で味つけしたアフリカのカレーは、概してインド式カレーよりマイルドだ。果物が入っている場合も多い。ヒルダ・ガーバーの『ケープマレーの伝統料理 *Traditional Cookery of the Cape Malays*』（1957）には、ギーマ（キーマ、ひき肉）ケリー、インド人の店で売られている専用のカレー粉（詳細は不明）で味つけするグレーマ・ケリー、八角ウイキョウが入ったババヒア・ケリー、そしてレモンリーフ風味のピナン・ケリーが紹介されている。

ケリーの付け合わせはアチャールというインド風の野菜のピクルス、チャツネに似た、アンズズ、マルメロ、干しブドウで作るインドネシア＝マレー起源の薬味ブラットヤン、バナナのスライス、チャツネ、サンバル。すりおろした果物や野菜をトウガラシで味つけした付け合わせ、そしてライスだ。

ズレイカ・マヤット著『インド料理 *Indian Delights* 』（１９６０年代初頭刊行）には、南アフリカに移民したインド人の大半は農村部の貧困層の出身で、それが料理に反映されている、と記されている。彼らはおもにレンズ豆、豆、米、小麦粉のロティ、トウモロコシライス（ゆでたトウモロコシをつぶしてライス状にしたもの）を食べていた。「お客さんのインド人」としてやって来たヒンドゥー教徒のグジャラート人は、たいていもっと裕福で、食生活も豊かだった。イスラム教徒のグジャラート人は、「調味料を細かく分類して、微妙に異なる香りを作りだし、経験を糧に」肉料理の調理法を洗練させた。「カレー」の章に掲載されたレシピはこうした多様な伝統を反映している。

もっとも有名なインド＝南アフリカ料理はバニーチャウだ。これは厚くスライスした西洋風のパンの中身をくり抜いてミートカレーを詰めた料理。一説によれば、バニーチャウという名前はダーバンのインド人商人がバニア（商人カーストの名称）と呼ばれていたことに由

もっとも有名なインド風南アフリカ料理、バニーチャウ。西洋式のパンを厚くくりぬきミートカレーを詰めた料理。

来するという。彼らが開いた小さな食堂には、アパルトヘイトという人種隔離政策のため黒人は入れなかったが、店の裏口でなら料理を手渡すことができた（それも違法ではあったが）。そこで目端の利く店の主人が小さな厚切りパンの中をくり抜き、カレーを詰めてピクルスを載せれば、食器を使わず客に料理を手渡せるとひらめいた。「バニアの食べもの bania chow」が訛ってバニーチャウとなった。

アパルトヘイトの時代には、大手のホテルやレストランでケープマレー料理が食べられるところはめったになかったが、ケープタウンの路地裏にあるマレー人の「ケリーケリー」専門店で食べることができた。さいわいなことに、現在南アフリカには伝統的なケープ料理が食べられるレストランがいたるところにある。

◉アフリカのその他の国々

インドから、そして時代が下ってからはアラブから、商人たちがクローブ、ナツメグ、シナモン、コショウを求めて東アフリカを訪れた。北アフリカ出身の旅行家イブン・バットゥータは、1331年にモガディシュ（現在ソマリアの首都）を訪れ夕食の様子を記録している。現代のインドの食事にそっくりだ。

彼らの食事はギーで炊いたライスで、大きな木の皿によそってある。ライスの上にはクシャーンという、鶏肉、牛肉、魚、野菜のおかずが載っていた。（クシャーンは一種のカレー汁）未熟のバナナをミルクで煮た料理、酸乳に酢漬けのレモンを添えた料理、酢や塩に漬けた山盛りのトウガラシ、新ショウガ、マンゴーもあった……彼らはライスをひと口食べるごとにこうした塩漬けや酢漬けの食べものを口にした……マクダシャウ（モガディシュ）人がひとりで食べる食事の量は、私たち［モロッコ人］全員が食べる量と変わりなく、それが日頃の食事の量なので、彼らの体はとてつもなく大きく、肥満している。(4)

ポルトガル人は、現在のアンゴラ、赤道ギニア、マダガスカル、モザンビーク、ザンジバルに植民地を建設した。彼らはアメリカ大陸からトウガラシ、トウモロコシ、トマト、サツマイモ、キャッサバ（中南米原産のイモ類。アフリカではトウモロコシに次ぐ主食）、家畜の豚を、ポルトガルから塩漬けダラを、アジアの植民地からは柑橘類の果物を、そして西アフリカとインドからクローブ、シナモン、ショウガなどのスパイスをもたらした。

ポルトガル人もイギリス人も、専門的な仕事をさせるためにゴア人を植民地から連れて来た。ゴア人の影響は、多くのアフリカ料理、とくにシーフード料理をココナッツミルクで煮込む点に見られる。

アフリカのほとんどの地域の伝統料理は、シチューやソースがかかったとろっとしたお粥だ（材料は、ゆでたヤムイモ、プランテーン（料理用バナナ）、トウモロコシ、キビ、モロコシ、米とさまざま）。材料は地域によって異なるが、たいてい、油、野菜、少量のタンパク質（魚、肉、豆、ナッツ）が入っている。伝統料理がお粥にシチューをかけるというスタイルであったために、カレーはすんなりと浸透した。

東アフリカのカレーは通常、鶏、ヤギもしくはヒツジの肉のカレーで、インド風のパンか、コーンミールを湯で練ってふんわり蒸したもの（スワヒリ語でウガリという）を添える。どの家でも手の届くところにカレー粉（「ムチュージ」）の大きな缶が置かれていて、いたるところにトウガラシ（スワヒリ語でペリペリ）が生えている。

ザンジバルで人気の、トマト、ココナッツミルク、タマリンド、カレー粉が入った野菜、肉、魚またはシーフードのカレーの名前もムチュージ。バナナ、ピクルス、ライスまたはチャパティ（東アフリカで人気のある、全粒粉の無発酵パン）が添えられている。カレー粉で

ウガリはスワヒリ語で、コーンミールから作るお粥に似た料理を指す。アフリカ南部や東部では主食とされている。ボール状に丸めて肉や野菜や魚のカレーにつけて食べる。

ペリペリトウガラシ。アフリカの多くの地域でよく見る小型の激辛トウガラシ。

味つけした焼き肉（ニャマチョマ）も人気がある。

1888年、イギリスは帝国イギリス東アフリカ会社を設立した。東アフリカ地域との交易を発展させるためであり、後にイギリス領東アフリカ（現在のケニア、ウガンダを含む地域）の足がかりとなった。1896年から1901年にかけて、ウガンダ・ケニア鉄道建設のためにインドから3万人の労働者が連れて来られた。その後、おもに（インド西岸の）グジャラート地方からも移民がやって来て、金貸し、貿易、小売業を営んだ。

1960年代中頃まで東アフリカには36万人のインド系住民がいたが、国粋主義的な新政府が発足した際に強制退去させられ、イギリスやカナダへ移住した。ウガンダとケニアの政権交代にともない、現在は多くのインド人が帰って来て、食料雑貨店や、サモサやカレーなどのインド料理を販売する小さな屋台を経営している。モンバサやカンパラのような大都市には多くのインド料理店がある。

1970年代中頃までポルトガルの植民地だったモザンビークとアンゴラでは、カレーは「カリル」と呼ばれ、人気料理だ。ヴァン・デル・ポストの言葉を借りれば、アンゴラのカレーはたいてい「インドのカレーをそっくり真似したものか、南アフリカ、とくにナタール州のカレーのさえない亜流」なのだそうだ。

モザンビークの国民的料理はペリペリ（pil-pil または pili-pili とも言う）。これは、新鮮なペリペリトウガラシをレモン汁で煮て、塩を加え、すりつぶしてペースト状にしたものを肉や魚や甲殻類にかける料理。この料理はアフリカの他の地域だけでなくポルトガルやゴアにも浸透している。

カレー粉をはじめとするスパイスは、エチオピアとエリトリアでも人気の香味料だ。国民的料理はワットというシチューで、インジェラと呼ばれる薄いクレープ状のパンと一緒に食べる。エチオピアの香味料ベルベレにはショウガ、タマネギ、ニンニク、クローブ、シナモン、ナツメグ、カルダモンポッド（殻つきカルダモン）、ブラックペッパー、フェヌグリーク、コリアンダー、激辛トウガラシなどが入っている。ベルベレはさまざまな料理に用いられる。

西アフリカでもカレー粉は多くの料理に用いられている。とくに、植民地時代にイギリスの弁務官たちの手で伝えられたナイジェリアではよく使われている。

第6章◉東南アジアのカレー

マッサマンカレーは恋人のようなもの
クミンシードのようにピリッとして、いい香りがする
心をそそる魅力的な匂いが漂ってくると
その出所を捜して、私はいそいそと飛んでいく
――タイ国王ラーマ2世（1768〜1824）「舟歌」(1)

◉概観

東南アジアの国々――ミャンマー（旧称ビルマ）、タイ、ラオス、ベトナム、マレーシア、カンボジア、そしてシンガポール、ブルネイ、東ティモール、インドネシア、フィリピンといった島国――は、多数派の有力民族とたくさんの少数民族が特徴的な複合社会だ。古代からこの地域はインドと中国の交易路の要所であり、両国の政治、文化、そして料理の影響を受けてきた。紀元前4世紀より、インドの商人たちはスパイスや織物だけでなく、ヒンドゥー教や仏教（現在もタイとカンボジアで広く信仰されている）、流行のダンス、彫刻、音楽、またインド流の国政術も伝えた。いわゆる「ヒンドゥー化された」王国は、現在のタイ、ベトナム、カンボジアおよびインドネシアで18世紀まで栄えていた。

こうした商人たちは、タマリンド、ニンニク、エシャロット、ショウガ、ターメリック、コショウも伝え、レモングラスやガランガル（ショウガに似た根茎）のようなハーブをある地域から別の地域へと広めたのだろう。中国からは醤油、豆腐、豆モヤシといった食材や、炒める技術が伝来した。

8世紀には、アラブの商人が香辛料貿易を支配し、東南アジアに住む多くの人々をイスラム教に改宗させた。現在もマレーシア、インドネシア、ブルネイでは国民の大多数がイスラム教を信仰している。アラブ商人はイスラム圏（デリースルタン朝を含む）からカボブ、ビリヤニ、コルマ、その他の肉料理を伝えた。彼らはクローブ、ナツメグなど地元のスパイスの使用も普及させた。

1511年、ポルトガル人がマレー半島のマラッカに交易所を築いてトウガラシを持ち込むと、トウガラシはまたたく間にホワイトペッパーの代用品として取り入れられた。

ガランガル。東南アジアでは多くのカレーペーストに入っている。

1602年に設立されたオランダ東インド会社（VOC）は、バタヴィア（現在のジャカルタ）を築いた。バタヴィアは、現在のインドネシアの前身にあたるオランダ領東インドの拠点となった。イギリスは1786年にペナン島を獲得し、1819年にシンガポールの開発に着手、その後、マレー半島全域とビルマに支配の手を伸ばした。イギリス人はコショウ、砂糖、紅茶、ヤシ、コーヒー、ゴムのプランテーションを建設し、南インドから労働者を輸入した。

1571年、スペインがフィリピンを支配し、住民の大半をカトリックに改宗させた。フランスは、1815年にカナダとインドにあった植民地の大半をイギリスに奪われたが、1830年から1870年にかけてあらたな植民地帝国の拡大に乗り出し、北アフリカと東南アジアの一部地域に侵出した。1914年には、フランス植民地帝国は、インドシナ（ラオス、カンボジア、ベトナムに相当する地域）、チュニジア、モロッコ、西アフリカ一帯とマダガスカルにまで拡大していた。1939年までシャムと呼ばれたタイは、東南アジアで唯一植民地化をまぬがれた国だった。

東南アジアではどこに行っても主食は米で――多くの言語で「食事をする」ことを「ごはん（米）を食べる」という――焼いた肉か魚の料理、野菜料理、スープかスープのたぐい、またはカレーのようなとろりとした煮込み料理、薬味などのおかずがつく。

スープやカレー作りに欠かせないのが、トウガラシ、ニンニク、エシャロットまたはタマネギ、ガランガル、ベイリーフ、ハーブで作るペーストだ。パウダースパイスや、ホールスパイスを加える場合もある。このペースト（インドネシアではブンブ、マレーシアではルンパという）にはレモングラス、マックルー（カフェライム）の葉や皮、バジルの葉（これらの食材はインド料理ではめったにお目にかからない）が入っている場合もある。ナツメグ、クローブ、シナモンのような香りの強いスパイスは肉料理以外ではあまり出番がない。

スパイスペーストには液状のものも固形のものもある。材料もニンニク、トウガラシ、エシャロットのようにシンプルな場合もあれば、20種類を組み合わせる場合もある。それらをカレーと煮込んだり、油や分離させたココナッツミルクで炒めたりする。料理はココナッツミルクで煮込むものが多い。インドカレーでとろみをつけるためによく使われるヨーグルトは、アジアの他の地域ではめったに使用されない。

もうひとつ、東南アジアの料理に欠かせないのが、小さな魚、またはエビを塩漬けにして発酵させた調味料（タイではカピ、マレーシアではブラチャン、インドネシアではトゥラシという）と、塩漬けにした魚をゆっくり熟成発酵させた魚醤だ。

●タイ

タイの料理は東南アジアでもっとも複雑で、かつもっとも洗練されている。それは長い歴史を持つ宮廷が、料理の技術をはぐくみ、地方の多様性を尊重し、幅広い食材を進んで受け入れてきたからだ。タイ国民の大多数が信仰する上座部《じょうざぶ》仏教は肉食を禁止しておらず、控えることさえ勧めていない（自主的に節制する人はいる）。

伝統的なタイの食事は、ライス、スープ、サラダ、そして蒸す、揚げる、炒める、焼くなどした料理、スパイスが効いた野菜や魚の料理、カレー、薬味、デザート、果物で、これらの料理は一度に食卓に並べられ、食べる順番もとくに決まっていない。南部と中部では長粒のジャスミン米（香り米）が、北部では粘り気の強い短粒米が好まれる。

カレーは、タイ語でゲーンといい、基本的に「ペーストでコクととろみをつけた風味のよい汁もの」を指す。ゲーン作りに欠かせないのが風味豊かなカレーペーストだ。家庭で手作りする場合も既製品を使う場合もある。カレーペーストの材料は石臼でついて粉状にすると、精油が放出されて風味と香りが増す。1日の食事に使うカレーペースト作りには30分ほどかかる。

タイカレーにほぼ例外なく入っているのが、カピまたはガピというエビのペースト。これは、塩漬けにした小エビを天日にさらして乾燥させ、細かく砕いて数か月間熟成発酵させた調味料。バナナの葉に載せてさっと火であぶってから使う場合もある。カピ、トウガラシ、ライム果汁、ショウガ、ニンニク、パームシュガー（ヤシ糖）を合わせて作ったのがタイ料理の典型的な（そして伝統ある）調味料ナムプリック（辛味噌の一種）だ。

タイカレーには基本となる食材の他に、ぴりっとした風味があって、料理の飾りに使われることも多いグラチャイ（野生のショウガ、ガランガルに似た植物）や、料理にさっぱりとした甘さを加えるコリアンダーの根、レモン、独特の風味があるタイバジルやホーリーバジルを入れる場合もある。理想は、個々の料理も食事全体としても、辛さ、酸っぱさ、しょっぱさ、甘さのバランスが取れていること。タイ料理のシェフとして初めてミシュランの星を獲得したデヴィッド・トンプソンは次のように語っている。

タイカレーは、このグリーンカレーのように、調理に用いられるカレーペーストと材料の色で分類される。

タイのマッサマンカレーのペーストには通常ターメリック、カルダモン、シナモン、クミン、クローブ、ナツメグが入っている。

美味しいタイ料理では、個々の調味料が期待通りの効果を上げ、どの味も他の味の邪魔をしてはならない。カレーほどはっきりと素材どうしの精妙なバランスが求められる料理はない。互いに主張する素材の味が溶け合い、混じり合って、ひとつの調和を奏でる。繊細でありながら力強い(2)。

タイのカレーには水をベースにしたものと、ココナッツミルクをベースにしたものがある。バンコクやタイ中部ではココナッツミルク・ベースのカレーが一般的だ。ミャンマーやラオスと国境を接する北部では水ベースのカレーが多い。水ベースのカレーはタイの他の地域のカレーより辛く、酸味が強い。ココナッツミルクや砂糖で加減されていないからだろう。人気の料理はゲーンハンレー。これはミャンマー風ポークカレーで、酢漬けのニンニクと黒豆鼓(黒豆の発酵調味料)が入っている。麺は昼食や間食として食べる。

タイのカレーは料理に使うペーストの色で区別される。レッドカレー・ペーストには鷹の爪、コショウ、ライムの果皮が入っている。火であぶって細かく砕いた「インドの」スパイス、コリアンダー、クミン、クローブなどが入ったものもある。レッドカレー・ペーストは、肉、魚、野菜などほぼすべてのカレーに使用できる。レッドカレーは汁気が多く、甘辛から「激辛」まである。

イエローカレー・ペーストは魚やシーフードカレーによく用いられる。成分はターメリック、市販のカレー粉、あぶったコリアンダー、クミンシードなど。イエローカレー・ペーストは、ゲーンガリーというインド風チキンカレーのベースでもある。タイ料理には珍しく、ゲーンガリーにはタマネギとジャガイモが入っている。

グリーンカレー・ペーストは、味の濃い肉や魚、苦味のある野菜のカレーと組み合わせる。成分は、生の青トウガラシ、バジルの葉、ライムの葉。丸い青ナスが入っている場合も多い。

パナン（ペナン）カレーペーストには鷹の爪とホワイトペッパーが入っている。ピーナッツが入っている場合もある。牛肉料理によく使われる。マッサマンカレーは、とろりとしたシチューのような、羊肉または牛肉のカレー。もともとイスラム教徒が多いマレーシア国境付近で作られていた。ペーストには鷹の爪、コリアンダー、クミン、クローブのパウダー、ホワイトペッパー、ピーナッツが入っている。タイカレーには珍しく、シナモン、カルダモン、ナツメグといったホールスパイスをあぶって入れる。

●タイの隣国

フランス人は、自分たちの占領地（現在のベトナムにあたる地域）に南インドの植民地から労働者を連れて来た。その結果、ベトナム、とくにベトナム南部では南インドのカレー粉が使われるようになった。人気料理は、ココナッツミルクで煮込むチキンカレー（カリーガー）とビーフカレー（カリーボー）。ベイリーフ、シナモン、タマネギ、ニンジン、ジャガイモ、サツマイモが入っている場合が多い。主食は、長粒のインド米を、ココナッツミルク、カシューナッツ、ショウガ、タマネギと一緒に炊いたもの、またはフランス風バゲット、麺類。

カンボジアの料理人は、レモングラス、ガランガル、ワイルドジンジャー、ニンニク、エシャロット、ライムの皮、ターメリックがベースになったクルーンというカレー粉を使う。タイのカレーペーストと同じく、カレーはレッド、イエロー、グリーンに大別される。カンボジアでは祭日にカルダモン、ショウガ、ピーナッツ・パウダーがベースになったサマランという牛肉またはアヒルの肉の濃厚なカレーを作る。軽く炒めた青菜や酢漬けの野菜とよく合う。ラオスのカレーには、さまざまな国のカレーの要素がミックスされている。タイで用いられるのとよく似たハーブのベースを使う。生のディルを入れることもある。

１９４８年まで英国領インドの一部だったミャンマーは、数多くの民族グループによって構成されているが、料理についてはインドと中国というふたつの国の影響を強く受けている。１９４０年代にはヤンゴン（旧称ラングーン）の人口の半分はインド系だったが、今

ミャンマーではどの町でもこうした屋台でモヒンガーを食べられる。モヒンガーはナマズと麺のスープで、朝食べることが多い。

日、インド系住民はわずか2パーセントしかいない。しかし、サモサ、ビリヤニ、道端で売られている軽食、パン、カレーにインドの影響がうかがえる。カレーには、インドのスパイス、レモングラス、バジルの葉、魚醤などが入っている。魚のだし汁、水、またはココナッツミルクをベースにした淡水魚のカレーがとくに人気だ。

中華料理、インド料理、ミャンマー料理が合体してできたミャンマーの国民的料理。それがモヒンガーだ。ナマズをとろけるほど煮込んだスープで、ヒヨコ豆の粉末、焼いた米、ニンニク、タマネギ、レモングラス、バナナの花、魚のペースト、魚醤が入っている。屋台で売られていて、米麺、ライム、タマネギの天ぷら、コリアンダー、薄くスライスした新タマネギ、乾燥トウガラシを載せて食べる。

●インドネシア

インドネシア共和国は1万5000近くの島から成る巨大な国だ。人口2億3800万人、そのうち3分の2がジャワ島に住んでいる。言語、文化、料理の技術は多様性に富んでいる。インドネシアが世界の表舞台に登場したのは、ナツメグ、メース、クローブなどのスパイスがあったからだが、これらはインドネシアの料理にはあまり用いられていないようだ(ただし、クローブはインドネシアのタバコ、クレテックの主成分だ)。オランダ人はトマト、キャベツ、カリフラワー、ニンジンなどのヨーロッパの野菜を高地に植え、インド人はキュウリ、ナス、タマネギを、中国人はカラシナ、大豆、大豆かす(大豆から油をしぼりとった後のかすを粉砕した粉)を伝えた。

ジェニファー・ブレナンによれば、インドネシアには高級料理が文字通り存在しない。(3)タイと違って王侯貴族が文学と美術以外のものにその創造性を向けようとしなかったのだ。インドネシアのほとんどの地域では、食事の中心は炊いた白米。それに汁物、野菜炒めかガドガド(ゆでた野菜に細かく刻んだピーナッツ・ソースをかけたサラダ)、クルプック(タピオカのでんぷんにエビのすり身を混ぜて油で揚げた、さくさくのおせんべい）、ペルケデル（トウモロコシ、またはジャガイモのコロッケ）が添えられている。炒飯や、肉か魚のシチューが出てくるときもある。サンバルというトウガラシベースの辛い薬味が少なくとも1皿は出てくる。サンバルはインドネシア、マレーシア、シンガポール、フィリピン南部、インドおよびスリランカでもよく用いられる。

　サンバルゴレン（「油で炒めた薬味」という意味）が、肉、魚、シーフード、または野菜が入ったカレーに類する料理全般を指す場合もある。ココナッツミルクで煮込んだものもそうでないものも、汁気の多いものもないものも、中間のものもある。古代インドとアラブの商人が、スマトラ島西部にコリアンダー、クミン、ターメリック、シナモンなど「インドの」スパイスの使用を伝えたのだった。

　パダン（スマトラ島西海岸中部の港市）では、マレー半島の西部および北部同様、ルンダンというコルマに似た料理が人気だ。この伝統料理は、冷蔵庫がない時代に、しとめた水牛の肉をできるだけ長期間保存する必要に迫られたところから生まれたのだろう。ルンダンは、牛または水牛の肉を、ココナッツミルクのスープと、ニンニク、トウガラシ、ショウガ、ターメリック、香りの強いスパイスで作ったペーストで、水分が吸収されて全体に黒っぽくなるまで煮詰める料理だ。

サンバル・バジャックは、インドネシアの辛味調味料。焼いた赤トウガラシ、タマリンド果汁、エビのペースト、ナッツパウダーが入っている。

ジャワ島の料理はもっと繊細で、甘さ、酸っぱさ、辛さが複雑に絡み合った料理が多い。メインディッシュは、ソトというスープ、サユールという野菜がたっぷり入った汁気の多い煮物、濃厚なココナッツミルクで煮込んだグレという料理（しばしば「カレー」と訳される）など。

オランダ料理とインドネシア料理が融合してできたものには、カリ・ジャワという牛肉とジャガイモのココナッツミルク煮込み、セムールといって牛の薄切り肉を甘い醤油（ケチャップマニス）、ナツメグ、クローブ、タマリンド、パームシュガーで煮込んだ料理、ペルゲデル（オ

ナシゴレンは、インドネシア／マレーシアの炒飯。卵、野菜、エシャロット、醤油、トウガラシが入っている。単品で食べても、肉やシーフードをおかずにしてもいい。

ランダのフリカデルが元祖）というシーフードや野菜のコロッケなどがある。ナシゴレンという炒飯やミーゴレンという卵麺の焼きそばには、中華料理の影響が感じられる。これらは卵、野菜、エシャロット、醤油、トウガラシを一緒に炒めた料理で、鶏やエビの揚げものか、サテが２、３本添えられている。

東インド諸島のオランダ人は、インドのイギリス人といくつかの点で似たような道を辿った。入植初期、オランダ東インド会社の従業員、将校、商人は、しばしば現地の女性を妻や愛人とした。こうしたジャワ人や中国人の女性は、ニョニャと呼ばれ、家政の切り盛りや料理の腕がいいと評判だった。

彼女たちのためにマレー語でかかれた料理書には、オランダ風のロースト料理、シチュー、ワッフル、ペストリー、インド風カレー、そしてポルトガル料理や中華料理のレシピが掲載されている（こうした著者のひとり、ニョニャ・コルネリアは、レシピを寄稿してくれた女性たちにすてきなあだ名をつけた。たとえば、サテ夫人、カツレツ・ママ、マ・コッキー・ポークチョップ、フィッシュ・ニョニャ、なんとキュウリ夫人！）。ジャワ島ではじめてオランダ語の料理書が出版されたのは１８６６年のことだった。

スエズ運河が開通すると、以前より多くのオランダ人女性が東インドに嫁いでくるようになった。彼女たちが新しい生活、とくに夫たちの出世に必要な接待に早く対応できるようにと、雑誌、家政の手引書、料理書が東インドでもオランダでも続々と出版された。1920年には専門の訓練学校がハーグに開校されたほどだった。

オランダ人の弁務官にとって、地元の文化や料理に親しむことは重要と考えられていたため、オランダ料理とインドネシア料理の要素が組み合わされた多国籍料理が誕生した。もっとも有名なものがリスターフェルだ（ライス・テーブルという意味）。肉、野菜、魚、薬味をよそったたくさんの小皿と、白いご飯、色鮮やかなライスが目も楽しませてくれる料理。実際のジャワ料理とはかなり違うこの料理は、19世紀末にオランダ人の農園主が（おそらくジャワの伝統的な儀式用料理を模倣して）自分たちの富を誇示するために考案した。40名、60名、ときには80名もの給仕が、ぱりっと糊づけされた白い制服を着て、腰にろうけつ染めの幅広い帯を締め、めいめい銀のお盆に載せた料理を運んでくる。リスターフェルは、植民地の家庭の日曜日の昼食や夕食会に、またはヨーロッパ風の食事のメインコース前に前菜代わりに出された。インドネシアにはじめてやって来る弁務官を慣れさせるために、オランダから東インドへ向かう船の食堂のメニューにもなった。

今日、リスターフェルは、インドネシアの観光客向けホテルやクルーズ船で食べることができる。オランダや、かつてオランダの植民地だった南アフリカ、オランダ領アンティルのレストランでは簡易版が食べられる。

◉マレーシアとシンガポール

マレーシア連邦は、マレー半島のほぼ全域とボルネオ島の北海岸にまたがっている（ボルネオ島にはマレーシアの他にインドネシアとブルネイ王国がある）。２５００万を超える人口のおよそ3分の2はマレー人、25パーセントが中国人、およそ8パーセントがインド人だ（その大多数がタミル人）。シンガポールは１９６５年にマレーシアから分離独立した。住民の大多数が中国人で、マレー人とインド人は少数派だ。

中国人の祖先の中には、古くは16世紀に商人としてやって来た人たちや、19世紀初頭、スズの鉱山で働かせるためにイギリス人によって連れて来られた人たちもいた。インド人労働者は、おもに南インドとスリランカ出身のタミル人で、ゴムやヤシのプランテーションで契約労働者として働くためにやって来た。インドで訓練を受け、マレーシアやシンガポールに住み着いたインド人の文官もいた。

料理は、この地域の文化的多様性を反映している。さまざまな共同体が伝統料理を保存する一方、美味しい多国籍料理がいくつも作り出され、マレーシアとシンガポールはグルメ天国になっている。

マレーシアには、サテ、コルマ、ビリヤニ、グレをはじめインドネシアと共通する料理が多い。タイと国境を接するマレーシア北部はタイと料理も食材も似ている。東南部の酸味の強い魚のスープはジャワ島の影響を感じさせる。

　中国人の多くはマレー人の女性を妻とした。インドネシアの場合と同じように、彼女たちもノニャまたはニョニャと呼ばれ、ニョニャ料理、もしくはプラナカンと言われる有名な多国籍料理を洗練させた。中華料理のレシピと技術に、ココナッツミルク、ガランガル、キャンドルナッツ（マカデミアナッツに似たナッツ。料理にコクを与える）、タコノキの葉、タマリンド果汁、レモングラス、ライムの葉、チンチャロ（独特の風味があるアミエビの塩辛）といった地元の食材を融合させた料理だ。マレーシアの食卓には、サンバルブラチャンという発酵させたエビとトウガラシペーストで作る調味料が欠かせない。

　ニョニャ料理で有名なのがカレーチキン・カピタンだ（カントリーキャプテン・チキンとはまったく関係ない。カピタンは、中国人社会とマレーシア人支配者の間を取り持った地元の有名人）。ぶつ切りにした鶏肉を、アニス、インドのスパイス、ショウガ、エビのペースト、ニンニク、エシャロット、トウガラシ入りスパイスペーストと炒め、ココナッツミルク、タマリンド水、シナモンスティックと煮込んで、ココナッツパウダーでとろみをつけた料理。

　シンガポールや、クアラルンプールに代表されるマレーシアの都市は屋台食で名高い。朝

ラクサは、シンガポールやマレーシアの屋台で売られている辛い海鮮麺。マレーシア料理と中華料理が融合して生まれたニョニャ料理の一品。

食に人気の料理はラクサ。もともとはニョニャ料理で、トウガラシが入ったスパイシーなココナッツミルクをだしにした麺料理。具はブラチャン、エビ、レモングラス、細切りの鶏肉、コリアンダー、固ゆで卵。サンバルとライムの薄切りがかならず添えられている。タマリンド果汁と辛いトウガラシが入った辛くて酸っぱいアッサム・ラクサもある。もっとマイルドなのが、ココナッツミルクで煮込んだラクサ・レマックだ。

もうひとつの人気屋台食はフィッシュヘッドカレー。シンガポールにやって来たふたりのインド人コックが１９６４年に考案した料理だという。オクラ、ナス、マスタードシード、フェヌグリーク、カレーリーフといった南インドの食材と、スパイスの香りを移した油を仕上げにかける「テンパリング」という技術が取り入れられている。
シンガポールやマレーシアの「バナナリーフ」レストランでは、南インドのカレーや、イドゥリ（南インドの米粉で作る蒸しパン）、ドーサ（南インドのクレープ様の食べもの）、ワダ（南インドの豆をつぶして油で揚げたパン）、サンバル（豆入り野菜カレー。東南アジアの辛い調味料とは別のもの）、ラサム（南インドの辛くて酸味のあるスープカレー）を食べることができる。インドの具入りロティによく似た食べものがムルタバ（ムルタバはアラビア語で「折り畳む」という意味）。スパイスの効いたひき肉と溶き卵を精白小麦粉の生地で包み、折り畳んで、焼いて、切り分け、カレーソースをつけて食べる。

北米やヨーロッパの中華料理店でよく見かけるシンガポールヌードルは、シンガポールとは縁もゆかりもない料理だ。おそらく香港の広東料理店で考案されたものだろう。これは、ビーフン、エビ、豚肉、鶏肉、タマネギ、赤トウガラシ、野菜をカレー粉で味つけした料理で、ケチャップとチリソース少々で味つけする、星洲炒麺というシンガポール／マレーシアの伝統的な麺料理に似ている。

カレー粉は中華料理に欠かせない食材というわけではないが、中国南部にはカレー粉を使用した料理がいくつかある。西欧で出版されているほぼすべての中華料理の本にはチキンカレーやカレー味の麺のレシピが掲載されている。中華系の食料雑貨店で売られているカレー粉は、マドラス・カレーパウダーに八角とシナモンを足したようなものと考えればいい。

第7章◉その他の地域のカレー

ナシゴレンをちょうだい。目玉焼きと
チリソースと、エビせんべいをのせて。
それと美味しいビールを一杯。
――ヴィートケ・ファン・ドルト（インドネシア系の歌手）「ナシゴレン」

世界中で、カレーが食べられない国はほとんどない。www.indiandinner.com というウェブサイトは90カ国以上の国のインド料理店やカレーハウスを紹介している。カレーやインド料理は、ドバイやドーハをはじめとする中東の都市でとても人気がある。サウジアラビアのインド料理やパキスタン料理の店は、メッカを訪れる巡礼者に食事を提供している。戦争で荒廃したカブール（アフガニスタンの首都）には、国外退去を命じられた大勢のイギリス人やインド人に料理を配達するインド料理店さえある。とはいえ、カレーとカレーに類する料理は、かつてのど深い関係のなかった日本で特別な地位を獲得している。

「植民地帝国の中枢」、とくにオランダとポルトガルで、またインドや帝国列強諸国とそれほ

◉オランダ

350年間に及んだオランダの植民地支配の痕跡は料理に残されている。ある学者が言うように、「はっきり言ってオランダ人の味覚は先住民と移民たちによって作られたようなものだ……それは、植民地時代の予期せぬ副産物のひとつと考えられる[1]」。1950年代まで、オランダの常食は、パンとジャガイモ、肉、魚、チーズ、バターだった。食事は、楽しみのためでなく必要だからするものと考えられていた。料理は「禁欲的で、薄味で、単調」で、「外食に出かける」ことができるのは一部の特権階級にかぎられていた。

1602年にオランダ東インド会社が創設されて入手可能となったとはいえ、スパイスを利用していたのはおもに富裕層だった。しかし、1949年にインドネシアが独立してから20万人以上がオランダ本国に移住してきた。多くはオランダ人とインドネシア人の混血だった。インドネシア系オランダ人の女性が自宅でインドネシア料理を作って、それを夫が配達する仕事が新たに生まれ、その後彼らは小さな食堂を開いた。

インドネシア料理は、続々と引き揚げてくる10万人のオランダ人帰還兵たちも引きつけ

た。中国系の移民たちは、インドネシア風料理や中華風料理を出す店を開いた。また、トーコーという食料品店がオープンしてスパイスなどアジアの食材が手に入るようになった。

１９５０年代、オランダの婦人向け雑誌に中華料理やインドネシア料理のレシピが掲載されるようになった。食品業界は、思いつくかぎりのあらゆる料理用ソースや調味料を生産し、農家は、かつては外国のものと考えられていた野菜を栽培するようになった。１９７０年代に入ると、独立したスリナムからオランダ国籍の人々がやって来るようになった。こうして多文化が奏でるハーモニーにあらたな音が加わった。

今日、ハーグやアムステルダムなどのオランダの都市には――本格的なものもそうでないものもあるが――数多くのインドネシア料理店がある。スリナム料理とインドネシア料理と中華料理を組み合わせた料理を出す小さな食堂もある。人気のスリナム料理はジャガイモ、卵、キャベツの入ったチキンカレーに、インド風ロティを添えたロティ・キプだ。

インドネシア、中華、オランダ料理を融合した多国籍料理は、軽食堂や自動販売機でも売られている。たとえばバーミーセイフ（ミーゴレンにパン粉をまぶして油で揚げたスナック）、ナシバル（ナシゴレンを丸めて油で揚げ、ケチャップとサンバルを添えた食べもの）、パタット・サテ（フライドポテトにサテのソース（ピーナッツソース）をかけたもの）、バミゴレン（シーフード、肉、野菜、サンバル入りの焼きそば）、ルンピア（春巻き）。ナシゴレン（炒飯）

バーミーセイフ（バーミーハップ）は、ミーゴレンにパン粉をまぶして油で揚げたスナック。オランダの都市の軽食堂やオートマットで販売されている。

は、オランダの家庭料理の定番にもなっていて、スーパーマーケットでは冷凍やフリーズドライにした商品が売られている。一方、スリランカ料理や南アフリカ料理の影響はほとんど見られない。

◉ポルトガル

ポルトガル料理は、かつてこの国が世界のさまざまな地域を支配していた名残をとどめている。カルデイラーダ（魚と野菜のシチュー）をはじめ、さまざまな料理の味つけにショウガ、コショウ、ターメリック、コリアンダー、シナモン、フェンネル、クローブ、オールスパイス、トウガラシ（とくに、激辛のアフリカのペリペリ）が用いられる。へんぴな田舎の台所でさえ、シチューやスープをカレー粉（カリル）でよく味つけしている。リスボンにはゴア（インド）料理店が数軒ある。

るが、少なくともそのうちの一軒、サボーレ・デ・ゴアでは、カリル（カレー）、シャクティ（チキンカレー）、ソルパテル（ポークカレー）、そしてシェーキシェーキ（カニとココナッツのカレー）など、ゴアの名物料理が食べられる。

◉フランス

フランスには、イギリスやオランダほど南アジアの植民地の食べものが浸透しなかった（自国料理のゆるぎない伝統があったためだろう）。インドとは1954年まで続いた長いつきあいにもかかわらず、その痕跡は料理にほとんど残されていない。[2] 1975年、パリにフランス初のインド料理店インディラがオープンしたが、出店に奔走したのはパリにインド料理店がないことを憂えたインド政府の要人だった。今でもインド料理店は北アフリカ料理の店やベトナム料理の店に数で圧倒されている。

カレーのレシピがはじめて活字になったのは、今日のようなレストランのスタイルを確立した料理人アントワーヌ・ボーヴィリエの『料理の技術 *L'art de cuisiner*』（1814）だった。1889年のパリ万国博覧会に際して、政府の法令によりカレー粉の成分は、タマリンド35グラム、タマネギ44グラム、コリアンダー20グラム、トウガラシ5グラム、ターメリック、フェヌグリーク各3グラム、クミン3グラム、マスタードシード1グラムと定められた。これは、南インドのカレー粉の標準的成分だ。

ラルースの『料理百科事典』にはチキンカレー（caril de poulet）のレシピが掲載されているが、フランス料理、イギリス料理、インド料理の要素をかけ合わせた何ともシュールなものだ。タマネギを、ハム、リンゴ、ニンニク、タイム、ベイリーフ、シナモン、カルダモン、メース・パウダーと炒め、カレー粉を加えて、トマト、アーモンドミルクまたはココナッツミルクで煮込み、仕上げに濃厚なクリームを1滴垂らす、とある。

◉ドイツ

ドイツでもっとも人気のある屋台食がカレー・ヴルストだ。これは、豚ひき肉のソーセージを、タマネギ、緑ピーマンと一緒に串に刺して焼き、ひと口サイズに切り分け、カレー粉とトマトケチャップをかけた軽食。ミット（皮つき）かオーネ（皮なし）か、シャーフ（辛い）かエクストラ・シャーフ（激辛）かを選べる。たいていケチャップかマヨネーズ、あるいは両方がかかったフライドポテトが添えてある。原型はおそらくオランダのパタット・サテだろう。

ドイツでは、年間約１００万食のカレー・ヴルストが消費されている。最近の調査によると、ドイツ人の80パーセントが、カレー・ヴルストはドイツ人にとってなくてはならない食

カレー・ヴルスト。焼いた豚肉ソーセージにトマトケチャップとカレー粉をかけた料理。

べものと考えているそうだ。ドイツ人にとって非常に愛着のある食べものであるため、発祥の地について論争が起きている。

ベルリン市民は、カレー・ヴルストは、ベルリンでソーセージ屋台を経営していたヘルタ・ホイヴァーが1949年に発明したのだと主張する。ヘルタの店があった場所には現在記念板がある。しかしハンブルク市民は、この食べものは、1947年にレーナ・ブリュッカーがハンブルクで最初に作ったのだと言う。レーナは、1993年に発表されたウーヴェ・ティムの小説『カレーソーセージをめぐるレーナの物語』（浅井晶子訳。河出書房新社。2005年刊）にも登場する実在の女性。小説はその後映画化もされている。

インドのスパイスは、数百年前からスカン

ベルリンの記念板。カレー・ヴルストが1949年に考案されたとある。

ジナビアの料理にも用いられてきた。それというのもこの地域は海上貿易が盛んだったからだ。トーストにカレー味のニシンやサバを載せて食べる料理が人気だ。

◉日本

日本で1980年代初頭に行なわれた調査によると、カレーライスは家庭料理の3大人気メニューのひとつだった（残りのふたつはトンカツと野菜炒め）。日本の小学校の給食でもカレーは人気ナンバーワンだ。日本では、カレーの店を出て5分と歩かないうちに別のカレーの店を見かけると言われている（本格的なインド料理が食べたいときは、インド料理店に行かなくてはならないが）。

2001年から2007年まで、横浜にはなんとカレーミュージアムがあった。これはいわばカレーのテーマパークで、サリーを着た店員が話題になった。カレーやスパイスの歴史を紹介する展示があり、フードコートではさまざまなカレーやカレー粉で作った料理が食べられた。お酒が入った沖縄カレー、オムライスカレー、カレーカクテル、カレーチョコレートまであった。

日本のカレーは独特だ。ごろっとした具（鶏肉、牛肉、エビなどが多い）を、ニンジン、タマネギ、ジャガイモと一緒に、カレー粉で味つけした茶色くほんのり甘いルーで煮込む（ルーにはリンゴやハチミツが入っている場合もある）。油で揚げた豚肉の切り身（トンカツ）を上に載せることもある。ライスとカレーは1枚の洋皿に半分ずつよそわれ、混ぜてスプーンで食べる。漬物（福神漬け）やショウガが添えてある。

カレーは、原則として素材の形と味を大切にする日本料理と多くの点で対照的だ。アメリカ育ちの食文化ジャーナリスト安藤エリザベスは、カレーライスをはじめて食べたときの嫌悪感を次のように述べている。「おそるべきカレーライス。すさまじい臭いに吐きそうになった」[3]。しかし、カレーが好まれているのには多くの理由がある。主婦は、便利で経済的で手軽に作れる――電子レンジで作ることさえ可能――ので、カレーが大好きだ。カレーは、上下関係や礼儀作法を意識せずに食べられる、気楽な食べものでもある。高級レストランや格式ばったパーティに出されることはまずないし、自宅への来客に出すこともほぼ絶対にな

カツカレー。カレーライスは日本でもっとも人気のある料理のひとつ。

い。

しかし、日本食の専門家リチャード・ホスキングが言うように「小学生はカレーが大好きなので、サマーキャンプやスキーキャンプを計画するとき、少なくとも1回は食事にカレーを入れないとひどくがっかりされる[4]」。カレーのぴりっとした風味は、伝統的な日本食の淡白な味とは好対照をなしている。

カレーの味つけはカレー粉か、市販のルー――スパイスと小麦粉を動物製油脂で固めたもの――を使う。ルーは簡単に分けられるように切れ目が入っていて、甘口から激辛まである。もっともシェアの大きいブランドはS&B（エスビー）食品（S&Bという社名はクロス・アンド・ブラックウェルを短縮したC&Bを意識したものかもしれない）とハウス食品だ。ハウス食品は１９１０年代に創業された、巨大資本の国際的企業。１９６０年にはじめてブロック・タイプのカレールーを創り、数年後にはバーモントカレーという奇妙な名前のカレールー（アメリカのバーモント州に伝わる、リンゴ酢とはちみつを使った「バーモント健康法」にちなむ）のシリーズの生産を開始した。これは比較的マイルドで甘い、子供受けを狙った製品だった。

１９７０年代には、常温で保存できて、沸騰したお湯に袋ごと入れて温めれば食べられるレトルトカレーが開発された。今日ではこうしたレトルトカレーがインスタントカレーの売り上げの40パーセントを占める。残りものを利用する場合もあるイギリスのカレーと違って、日本のカレーはたいてい新鮮な肉で作る。

カレーは１８６８年、明治時代のはじめに日本に伝来した。明治以降日本の港は外国にふたたび門戸を開き（16世紀後半、ポルトガル人商人と宣教師たちが日本にやって来たが、その後２００年以上にわたり貿易は長崎の小さな交易所に制限されていた。ポルトガル人は、シチュー、ペストリー、パン、そして天ぷらやカツレツといった揚げものを日本に伝えた）、イギリス商人たちが既製のカレー粉を持ち込んだ。主婦たちは婦人雑誌の記事や料理の本からカレーの作り方を学び、カレーはまたたくまに大人気となった。日本で出版された料理書『西洋料理通』（仮名垣魯文編。１８７２年）には、カレーの作り方が載っている。これは、１８６１年に出版されたビートン夫人の料理書のチキンカレーのレシピに酷似している。

日本でカレーが定着した理由はいくつか挙げられる。まず、明治時代と大正時代（1912〜1926）には、西洋のものを貪欲に吸収しようとする風潮があった。カレーは「洋食」といって、西洋の料理を日本人の味覚に合うようにアレンジした料理に分類される。これらの料理にも、一般に日本料理には使われていなかったジャガイモ、トマト、タマネギ、卵、鶏肉、牛肉、豚肉そしてバターのような材料が用いられていた。軍は、日本の若者の体格を向上させるために肉食を奨励しようとしていたが、カレーライスは、野菜、米、肉を一度に食べることができて、しかも安上がりで食べごたえもあったので理想的だった。明治天皇は国民全員に肉食を勧め（それまでは仏教により肉食が禁止されていた）、自ら肉を食べた。

カレーは、欧州行きの蒸気船の定番メニューだった。1930年、船でカレーライスを食べた商人が、大阪で自分が経営するデパートの食堂のメニューに加えたところ、これが大あたりして、たちまち全国各地にカレー店ができた。今日では、カレーハウスCoCo壱番屋やゴーゴーカレーといった日本のカレーチェーン店が、アメリカに進出している。カレーハウスのホノルル支店の名物はチーズ、バナナ、ホットドッグ、唐揚げ、イカのカレー。カレーの「辛さ」は7段階から選ぶことができ、ご飯の量も好みで調節できる。

2007年、ゴーゴーカレーは、ニューヨーク市にアメリカ1号店を開店した。ゴーゴー

上：日本のカレーチェーン店は世界中に進出している。ゴーゴーカレーニューヨーク支店のメニューは激辛料理好きにはたまらない誘惑だろう。

下：日本にはカレーマンというリングネームのアメリカ人プロレスラーがいた。プラスチックのカレーがトレードマーク。必殺技はスパイシードロップ（スパイスラック）だ。

カレーのニューヨーク支店はニューヨーク・ヤンキース（当時）の松井秀喜選手をまつる神殿と言えるだろう（「ゴーゴー」は、読売ジャイアンツでプレーしていたときの背番号55番を意味する）。松井選手がホームランを打った日は、カレーがすべて55セントになった。ライスの量は、四球、ヒット、ツーベース、スリーベース、満塁ホームランの5段階に調節できる。

日本ではカレーパンという総菜パンが人気だ。これは、カレーをパン生地で包んで、パン粉をまぶして油で揚げた食べもの。頭がカレーパンでできている「カレーパンマン」は、日本の子供たちに人気のアニメシリーズ「アンパンマン」のヒーローのひとりだ。

韓国でもカレーは人気の家庭料理だ。たいてい日本風に既製のルーで作る。

第8章◉カレーの今日、そして明日

そもそものはじまりから、カレーはグローバル化の産物だった。商人、交易業者、宣教師、植民地の弁務官とその妻たち、長期契約労働者、移民——多くの人を介して世界に広まったのだから。21世紀を迎えた今も、カレーはきわめつけにグローバルな料理であり続ける。人が以前よりも自由に大陸間を行き来し、かつては外国のものと考えられていたスパイスなどの食材がスーパーマーケットで気軽に入手できるようになったおかげだ。

社会や経済の流れ、とくに先進国社会の風潮がカレーの人気を後押ししている。ひとつには、よりスパイシーな、より辛い食べものへの嗜好の高まりがある。これは消費者が洗練され、国際的になったからだけでなく（かつてはエスニックでエキゾチックと考えられていたイタリア料理、タイ料理、中華料理が、いまや北米やイギリスでは日常的な食べものになっ

イラクの食料雑貨店の光景。インドのカレーとスパイスは、ボリウッド映画同様、中東全域で人気がある。

ている）、高齢化が進む社会の需要の現われだろうか。ベビーブーム世代も年を取り、若い頃ほど敏感ではない鼻や舌には、刺激の強い料理が好ましく感じられるのかもしれない。食の専門家も、辛く、スパイシーで、はっきりとした味に対する嗜好は、21世紀の一般消費者傾向であると認めている。

健康志向も一役買っている。インド、中国、インドネシアでは、数千年前からスパイスが予防薬や治療薬として医療に用いられてきた。この古代の知恵が正しかったことが、今日の名だたる医療研究機関によって裏づけられている。調査の対象となったすべてのスパイスの中で病気の予防と治療にもっとも効果が期待されたのは、カレー粉には欠かせないスパイス、ターメリックだった。ターメリックは、消化不良、単純疱疹（ヘルペス）、糖尿病、癌、多発性硬化症、関節炎、心臓病、アルツハイマー病など多岐にわたる慢性疾患の進行を遅らせ、治癒さえ期待できるという。同様の研究が、シナモン、ニンニク、ショウガ、その他のスパイスについても進行中である。

カレー。この世界でもっともグローバルな料理が、これからも長い年月にわたって世界の食卓の中心であり続けることは間違いない。

謝辞

本書の執筆にあたっては多くの方にご助力いただいた。この場を借りて感謝申し上げたい。本の執筆を勧めてくださったアンディ・スミス。私のオーストラリアの同僚たち、レイチェル・アンキニー・ガエ・ピンカス、バーバラ・サンティッチ、マイケル・シモンズ、そしてポール・ヴァン・レイク。みなさんからはたいへんためになるご意見を頂戴した。とくにポールにはレシピを教えてもらった。リチャード・ホスキングは、毎度のことながら日本料理に関する貴重な情報を教えてくれた。タラ・ムスル・シャルマ、インドゥ・シャルマ、そしてエステラ・ラルギーはトリニダードの食事についてみずからの体験を聞かせてくれた。メアリー・ウィリアムソンからはカナダのカレーについて、ボストン歴史協会のマリーク・ヴァン・ダムからはアメリカ建国当初のボストンの酒場のカレーについてご教示いただいた。スリ・オーウェンはレシピを掲載することを快諾してくれた。ガイトリ・パグラッチ=チャンドラは、じつに寛大にもレシピを教えてくれ、オランダ語の歌を翻訳してくれ、オランダとガイアナの植民地料理について教えてくれた。ブルース・クレーグからはたくさんの有益なアドバイスをいただいた。スティーブン・ビショップ、スニール・ホシャル、ジャヤシュリ・マズンダー・ハート、カレン・レナード、アショカ・バジャジは図版に関する調査に協力してくれた。なにより友人のヘレン・サベリの励ましと鋭いコメントの数々に（どれもじつに的確だった）、そして夫アシシのたくさんのアドバイスといつも変わらぬ支えに深く感謝している。

訳者あとがき

本書の冒頭で、著者は次のように宣言する。

「グローバルという言葉にふさわしい料理があるとしたら、それはカレーだ」

たしかに、日本のカレー事情をさっと思い描くだけで、著者の主張にすんなり賛同できるだろう。東京には星の数ほどエスニック料理の店があるが、本格的インド料理の店は当然としても、タイ料理、ベトナム料理、マレーシア料理、またアフリカ料理やカリブ海料理の店でも、それぞれの国の食材や伝統料理とみごとに融合したカレーやカレーに類する料理を味わうことができる。欧風カレーの店もある。日本に独特の「カレーライス」は家庭でも学校でも大人気だ。本書にもあるように、日本は特別カレー好きな国であるらしいが、地球規模でもいまや「カナダのニューファンドランド島から南極、北京、ワルシャワまで、世界中でカレーが食べられない場所はないといっても過言ではない」のだそうだ。

しかし、カレーがこれほど世界各地に普及し、根付いたのはなぜだろう？　カレーはどのように世界に広まったのだろう？　そもそも「カレー」とは何なのか？　こうした疑問に、簡潔に、明快に答えてくれるのが、『カレーの歴史』（*Curry: A Global History*）だ。本書はイギリスの Reaktion Books が刊行している The Edible Series の1冊。数々の食べものに焦点をあてたこのシリーズは、料理とワインに関する良書を選定するアンドレ・シモン賞の2010年度特別賞を受賞している。著者のコリーン・テイラー・センは、インド料理を専門とするシカゴ在住のフード・ジャーナリスト。インド、東南アジアをはじめとする世界各国のカレーを精力的に紹介している。

現在私たちが食べているカレーには大きくわけてふたつの源流がある。ひとつは18世紀後半、インドの広域を支配していたイギリス東インド会社の商人たちが、自分たちの舌に合うように現地の料理を大胆にアレンジしたアングロ・インディアンカレー。もうひとつは、古くは商人たちの手で、19世紀にはいわゆる離散インド人によって草の根レベルで伝えられ、世界各地の食材や食文化と融合したカレーだ。このふたつの源流からどれほど多種多様なカレーが誕生したかについては本文にくわしい。

カレーに関する本は数多く出版されているが、本書の特色は、カレーのグローバルな特性に着目し、その成り立ちと普及の過程、そして世界各地のカレー事情を簡潔だが万遍なく紹介している点にある。著者は「カレーの伝統」や「本場のカレー」といったかたくるしい概念にとらわれることなく、世界各地で人びとに愛されているカレーを次々と取り上げていく（本書に挙げられたカレーとカレーに類する料理の数は１００を超える）。インドネシアの豪華絢爛な「リスターフェル」、南アフリカの過酷な政治から生まれた「バニーチャウ」、ドイツの代表的軽食「カレー・ヴルスト」、カリブ海の「ロティ」、フィジーの「サケ缶カレー」、そして日本の「カツカレー」……。さて、あなたはこの中のいくつをご存知だっただろうか？

エスニック料理店で食べる本格的なカレーも、家で作る日本式のカレーライスも大好きだったから、「カレーの本を翻訳しませんか？」というお話をいただいたときは大喜びだった。ところが、いざ翻訳をはじめてみると困ったことになった。クミン、コリアンダー、ターメリック、カルダモン……と魔法の呪文のようにくり返されるスパイスの名前が頭の中をかけめぐり、鮮やかな図版の視覚的刺激とあいまって、カレーが食べたくてたまらなくなってしまう。そこで、インド料理教室に駆け込み、スパイスをそろえ、カレー作りに挑戦してみた。フライパンに油を熱し、ホールスパイスをあぶると、これぞまさしく「インド料理店の香り」が漂ってきた！　はじめて作ったヒヨコ豆のカレーは家族にも大好評で、今ではわが家の休日の定番だ。

実際に作ってわかったことがある。カレーは実に合理的な食べものだ。乾燥させた豆には炭水化物とタンパク質が含まれているが、肉や魚のようにすぐに傷む心配がなく、長期間保存できる。スパイスさえそろっていれば、手近にある安価な食材の味もぐっと引き立つ。何よりヘルシーでありながら腹もちがいい。アジア、アフリカ、カリブ海諸国など世界各地にカレーが普及した理由が垣間見えた気がした。カレーはたくましく、したたかで、しぶとい。カレーを伝え、受け継いできた人びとがきっとそうであったように。

読者の皆様にも、巻末のレシピ集などを参考にぜひカレー作りに挑戦していただければと願っている。

本書の訳出にあたっては原書房の中村剛さんにたいへんお世話になりました。この場を借りて心よりお礼申し上げます。

竹田　円

2013年8月

写真ならびに図版への謝辞

著者と出版社より，図版の提供と掲載を許可してくれた関係者にお礼を申し上げる。スペースの関係上，本書中に所蔵場所等を掲載していないものもあるが，それらについては下記を参照されたい。

British Library: p. 26; Rebekah Burgess/Bigstockphoto: p. 103; Cartoon-stock: p. 69; Shariff Che'Lah/Bigstockphoto: p. 129; Vivian Constantinopoulos: p. 88; Leena Damle/Bigstockphoto: p. 12; Bruno Ehrs/Corbis: p. 24; FabFoodPix/Food Collection/Stockfood: p. 116; Martin Garnham/Bigstockphoto: p. 129; Courtesy of GoGo Curry Restaurant, New York, ny: p. 160; Joe Gough/ Istock photo: pp. 6, 68; Alexander Heitkamp/Bigstockphoto: p. 9（上）; Aimee Holman/Bigstockphoto: p. 106; India Office/British Library: p. 27; Chan Pak Kei/Istockphoto: p. 157; Kumar Mahabir, Caribbean East Indian Recipes, 1992: p. 102（上）; Michael Leaman/ Reaktion Books: pp. 29, 30, 33, 37, 96, 110; Karen Leonard, Making Ethnic Choices: California's Punjabi-Mexican Americans: p. 83; National Library of Australia: p. 93; Yong Hian Lim/Bigstockphoto: p. 146; Linda & Colin McKie/ Istockphoto: p. 16; Arild Molstad/Rex Features: p. 163; Brett Mulcahy/ Bigstockphoto: p. 44; Museum of London: p. 60; Robert Opie: pp. 14, 57; Colleen Sen: p. 79; Rohit Seth/Bigstockphoto: p. 102（下）; Bhupendra Singh/Bigstock photo: p. 9（下）; Mark Skipper: p. 123; Taj Mahal Restaurant, Centurion, South Africa: p. 120; Khen Guan Toh/Bigstockphoto: p. 133（上）; Andreas Weber/ Bigstockphoto: p. 154; Anke van Wyk/Bigstockphoto: p. 118.

参考文献

Achaya, K. T., *Indian Food: A Historical Companion* (New Delhi,1998)
——, *A Historical Dictionary of Indian Food* (New Delhi, 2002)
Brennan, Jennifer, *The Cuisines of Asia* (New York, 1984)
——, *Curries and Bugles* (London, 1992)
Brissenden, Rosemary, *Southeast Asian Food* (Singapore, 2007)
Burnett, David, and Helen Saberi, *The Road to Vindaloo: Curry Books and Curry Cooks* (Totnes, 2008)
Burton, David, *The Raj at Table* (London, 1993)
Chapman, Pat, *The New Curry Bible* (London, 2004)
Chaudhuri, Nupur, 'Shawls, Jewelry, Curry and Rice in Victorian Britain', in Nupur Chaudhuri and Margaret Strobel, *Western Women and Imperialism* (Bloomington, in, 1992)
リジー・コリンガム『インドカレー伝』東郷えりか訳，河出書房新社，2006 年
Davidson, Alan, *The Oxford Companion to Food* (Oxford, 1999)
Jaffrey, Madhur, *Madhur Jaffrey's Ultimate Curry Bible* (London, 2003)
Monroe, Jo, *Star of India: The Spicy Adventures of Curry* (Chichester, 2004)
Osseo-Asare, Fran, *Food Culture in Sub-Saharan Africa* (Greenwood, ct, 2005)
Pagrach-Chandra, Gaitri, 'Damra Bound: Indian Echoes in Guyanese Foodways', *Food and Memory: Proceedings of the Oxford Symposium on Food and Cookery, 2000* (Totnes, 2001)
Panayi, Panikos, *Spicing Up Britain: The Multicultural History of British Food* (London, 2008)
Patel, Sonja, *The Curry Companion* (London, 2006)
Trang, Corinne, ed., *Curry Cuisine: Fragrant Dishes from India, Thailand, Vietnam and Indonesia* (New York, 2006)
Van der Post, Laurens, *African Cooking* (New York, 1970)
Van Esterik, Penny, *Food Culture in Southeast Asia* (Westport, cn, 2008)
Veeraswamy, E. P., *Indian Cookery* (Mumbai, 2001)
Williamson, Mary F., 'Curry: A Pioneer Canadian Dish', *Multiculturalism*, ii/3, (1979), pp. 21–24

レシピ集

歴史上のレシピ

◉アブル＝ファズルが紹介するアクバル大帝の宮廷料理，ドピアザの材料（1600年頃）

アブル＝ファズル著（H・ブロックマン訳），*The A'in-I Akbari*（1989）

脂身入りの肉…10シア*
ギー［精製バター］…2シア
タマネギ…2シア
塩…¼シア
生のコショウ…1シア
クミンシード，コリアンダーシード，カルダモン，クローブ…各1ダム**
コショウ…2ダム
*1シアは1kg
**1ダムは約3g

…………………………………………

◉アウドの太守のカレー

ランデル夫人（エマ・ロバーツ編），*A New System of Domestic Cookery*（1842）

1. 新鮮なバター226g，タマネギ大玉2個，良質のグレービー（子牛のものが最良）1ジル（約140ml），カレー粉大さじすり切り1を用意する。
2. 1の材料とひと口大にカットしたお好みの肉を鍋に入れ，しっかり蓋をして，弱火で2時間煮込む。
3. 仕上げにレモン果汁を搾り入れるとさわやかな風味になる。

…………………………………………

◉ワイバーンのチキンカレー（アングロ・インディアン式チキンカレーの永遠の理想型）

Culinary Jottings from Madras（1878）

1. 小さめの鶏1羽をひと口大にカットし，小麦粉少々をまぶす。
2. 鶏のガラ，骨，タマネギ薄切り，ニンジン，コショウの実，セロリ，塩，砂糖でだし汁（カップ1）を作る。さらにココナッツミルクまたはアーモンドミルク，カップ1を用意する。
3. 鍋に上質の缶詰バター2オンス（約56g）を熱し，エシャロット6本，輪切りにした白タマネギ小玉2個，みじん切りにしたニンニク1片をうっすらキツネ色になるまで炒める。
4. カレー粉大さじ山盛り1，カレーペースト大さじ1（カレーペーストがないときはカレー粉大さじ2でよい）を加え，1，2分火を通してから，ワイングラス1杯分のココナッツミルクを少しずつ加え，次にだし汁を加え

る。

5. 15分ほど煮込むと濃厚でこくのあるカレーソースができる（鶏を調理する間，ソースが冷めないようにすること）。
6. フライパンでバター1オンス（28*g*），または精製した牛脂を熱し，みじん切りにしたエシャロットを2分間炒めてから鶏肉をさっと炒める。
7. 軽く焼き色がついたら，5のソースに少なくとも30分間浸す。
8. だし汁，または水を鶏肉が隠れるくらい足しながら，弱火でゆっくり煮込む。煮込んでいる間にベイリーフ，チャツネ，および甘酢味を加える（カレーペーストを先に入れない場合はアーモンドパウダー，ココナッツパウダー，スパイス少々，新ショウガのすりおろしを加える）。味見をして必要な場合は甘酢味を足す。
9. 鶏肉が柔らかくなってきたら，ココナッツミルク，コーヒー1カップを加えて3分間煮込む。
10. ドライカレーにするときは蓋をせず水分を飛ばす。肉が鍋の底に焦げ付かないように絶えずかき回す。
11. トマト2〜3個（種と汁気を除く），その¼量の白タマネギを一緒に刻み，塩，細かく刻んだ青トウガラシ2本，刻んだセロリ少々，ブラックペッパーひとつまみ，ビネガー小さじ1（手に入るのであれば，アンチョビのビネガーがよい）で和える。

◉リッデル医師のカントリーキャプテン・チキン

Indian Domestic Economy and Receipt Book（1849）

1. 家禽の肉をひと口大に切る。
2. タマネギ1個をみじん切りにしてバターでキツネ色になるまで炒める。
3. 家禽の肉に塩（細粒）とカレー粉をふり，こんがり焼けるまで炒める。
4. 焼けたら鍋に入れて，だし汁500*ml*を注ぎ，汁が半量になるまでゆっくり煮込んでから，ライスを添えて食卓に出す。

◉ビートン夫人のマトンカレー

Mrs Beeton's Book of Household Management（1861）

冷めた羊肉の残り
タマネギ…2玉
バター…230*g*
カレー粉…中さじ2
小麦粉…中さじ1
だし汁…約125*ml*

1. タマネギは薄く輪切りにし，鍋にバターを熱してうっすらキツネ色になるまで炒める。カレー粉，小麦粉，塩をふり入れ，全体をよく混ぜ合わせる。
2. 肉を薄く切って（薄く切るほどの大きさがなければミンチにする），鍋に

加える。
3. しっかり火が通ったら，だし汁を加えて約 30 分弱火で煮込む。
4. 皿によそって縁にライスを添える。

……………………………………………

◉イライザ・アクトンのベンガルカレー

Modern Cookery for Private Families（1845）

タマネギ大玉…6 個
バター…2 オンス（約 56*g*）
ニンニク…1 片
ターメリック…中さじ 1
ショウガパウダー，塩，カイエンペッパー…各小さじ 1
だし汁…½カップ
肉…680*g*
調理時間　1 時間強

1. タマネギ 3 玉を薄く切ってバターで炒める。炒めたタマネギはフライパンから取り出しておく。
2. 残りのタマネギ 3 玉とニンニク小 1 片をみじん切りにして鍋に入れ，良質の薄黄のターメリック中さじ 1，ショウガパウダー，塩，カイエンペッパー各小さじ 1 をむらなく混ぜる。
3. 2 にタマネギを炒めたバターを加え，だし汁½カップを加える。焦げないように気をつけながら約 10 分間煮込む。
4. 最初に炒めたタマネギと，だし汁 125*ml* を加えてかき混ぜ，マトン，またはお好みの肉（骨と脂肪を除いたもの）125*g* を加えて，弱火で 1 時間煮込む。肉がじゅうぶん柔らかくなっていないときはさらに煮込む。

……………………………………………

◉メアリ・ランドルフのナマズのカレー

The Virginia Housewife, or Methodical Cook（1838）

1. 白いチャネルキャットフィッシュ（和名アメリカナマズ）の頭を落とし，皮と内臓を取り除いて，身を約 10 センチに切り分ける。
2. 鍋にできるだけ多くの切り身と，鍋¼量の水を入れ，タマネギ 2 玉，細かく刻んだパセリを入れて，水の量が 260*ml* くらいになるまで弱火で煮詰める。
3. キャットフィッシュを皿によそう。冷めないように覆っておく。
4. 煮汁に小麦粉，バター各さじ 1，カレー粉小さじ 1 強を加え，数分間ゆすりながら火にかけてとろみをつける。
5. 4 をキャットフィッシュにかける。煮汁にだまができないように気をつけること。

……………………………………………

◉感謝祭の七面鳥カレー

ダニエル・サンチャゴ，*The Curry Cook's Assistant*，*New York Times*, 25 November 1887

鶏 1 羽，または感謝祭の鳥肉の残り

イエローカレーパウダー…小さじ1
液体バター…大さじ1
カイエンペッパー…1つまみ
ミルク…500ml
スパイス，シナモン，クローブ，塩…適宜
タマネギ…大玉1個

1. 鍋に薄切りにしたタマネギと，鶏肉とクリーム以外の材料をすべて入れる。
2. しっかり混ぜながら5分以上火にかける。
3. 鶏肉を関節で切り分け，鍋に入れ，数分間煮込む。肉に火が通れば完成。
4. 食卓に出す前に，風味づけにクリーム大さじ1とビネガーを2，3滴を加える。ミルク500mlで肉がじゅうぶん柔らかくならないときは，ミルク，またはだし汁を足す。

◉ボボティ

ヒルダゴンダ・ダキット，*Hilda's 'Where is it?' of Recipes*（1897）

肉…900g
タマネギ…2玉
精白パン…厚切り1枚
ミルク…1カップ
卵…2個
カレー粉…大さじ2
砂糖…中さじ1
レモン果汁，またはビネガー…大さじ2
アーモンド…6〜8粒
バターかたまり

1. 肉をミンチにする。パンをミルクに浸してから，しぼって水気を切る。
2. タマネギをバター大さじ1で炒める（しんなりとするまで）。
3. 2とカレー粉，砂糖，塩，ビネガーなどすべての材料を混ぜる。
4. ひき肉，ミルクに浸したパン，卵1個を加える。
5. もう1個の卵を，ミルク少々を加えて泡立てる。
6. バターを塗ったパイ皿か小さなカップ（伝統的なインドの方法）に4を入れ，上から泡立てた卵を注いで，レモン，またはベイリーフを載せる。
7. オーブンで焼いて容器に入れたまま食卓に出す。ライスを添える。
冷えたマトンで作っても美味しい。

現代のレシピ

◉ゴートカレー（トリニダード風）

ヤギの赤身肉ひと口大にカットしたもの…900g
塩…小さじ1
タマネギみじん切り…½カップ，または200g
ニンニクみじん切り…小さじ2
グリーンシーズニング*…小さじ3

チリパウダー…小さじ½
植物油…大さじ2
トリニダード製カレーパウダー…小さじ3〜4
*たいていの食料品市場で購入できる。自宅で作るときは（1カップ分），細かく刻んだチャイブ大さじ3，パセリ，タイム，シャドベニ（またはコリアンダーの葉）各大さじ2，ニンニク4片，水大さじ2〜3をフードプロセッサーかミキサーにかけてピュレ状にする。

1. ヤギの肉に，塩，タマネギ，ニンニク，グリーンシーズニング，チリパウダーで下味をつける。
2. 厚い鍋に油を熱し，カレーパウダーを水4カップ（960ml）で溶いてペースト状にしたものを2分間炒める。
3. 肉を加えてカレーペーストをからめ約10分間かき混ぜる。
4. お湯2カップ（480ml）を注ぎ，沸騰したら蓋をして，肉が柔らかくなるまで煮る。

……………………………………………

◉ルンダン・ダギン（スパイスが効いた牛肉のココナッツミルク煮込み）

Sri Owen's Indonesian Food（ロンドン，2008年）

エシャロット…6本，薄切りにする
ニンニク…4片，薄切りにする
新ショウガ…2.5センチ，皮をむいて粗みじん切りにする。
ターメリックの根…2.5センチ，皮をむいて粗みじん切りにする。
（またはターメリックパウダー…小さじ1）
生の赤トウガラ…6〜10本，種を取り除く
（またはチリパウダー…小さじ3）
ガランガルのみじん切り…小さじ1
（またはラオスパウダー（ガランガルパウダー）…小さじ½）
ココナッツミルク…2.3リットル
サラムリーフ（またはベイリーフ）…1枚
生のターメリックの葉…1枚
（またはレモングラスの茎…1本）
塩…小さじ2
水牛または牛の肉…1350g（胸肉が望ましいが，肩肉，またはモモ上部の肉でもよい）¾を2センチ角に切る。

1. エシャロット，ニンニク，ショウガ，ターメリック，トウガラシ，ガランガルまたはラオスパウダーをココナッツミルク大さじ4と一緒にミキサーに入れ，なめらかなピュレ状になるまで攪拌する。
2. 1を残りのココナッツミルクと合わせ，大ぶりの片手鍋，または中華鍋に入れる（最初は片手鍋で調理して中華鍋に移すほうがやりやすい）。
3. 肉と残りの材料を加える。このとき，ココナッツミルクが，肉などの具が隠

れるほど入っていることを確認する。

4. 鍋の中身をひと混ぜして，蓋をせずに中火で1時間半から2時間，ときどき混ぜながら煮込む。ココナッツミルクにとろみがつき，量はかなり減る。
5. 片手鍋で料理していた場合は，ここで鍋の中身をすべて中華鍋に移し，さらに30分間，ときどきかき混ぜながら同様に煮込む。ココナッツミルクが減ると，沸騰して焦げつきやすくなるので，そこからは絶えずかき混ぜる。味見をして必要であれば塩を加える。
6. ココナッツミルクにとろみがついて茶色っぽくなったら，油が肉にほぼ完全に吸収されるまでかき混ぜ続けながら約15分煮込む。
7. サラムリーフ，ベイリーフ，ターメリックの葉，レモングラスを取り除いて，熱いうちにライスをたっぷり添えて出す。

……………………………………………

◉マレーシアのニョニャ料理風チキンカレー

マレーシアの観光客，*Flavours of Malaysia*

油…大さじ4〜5
スターアニス（八角）…1個
クローブ…2個
シナモンスティック…1本
カレーパウダー…1カップ（たっぷりの水と混ぜてペースト状にしておく）
濃いココナッツミルク…200*ml*
ひと口大にカットした鶏肉…1350*g*
ジャガイモ…2個（中ぐらいの大きさのもの，皮をむいて乱切りにする）
水…710*ml*
塩…大さじ1
砂糖…小さじ½
ミート・カレーパウダーの材料
コリアンダーシードとクミンシード　パウダー状のもの…各大さじ1½
フェンネルシード　パウダー状のもの…大さじ¾
チリパウダー…大さじ1
ターメリックパウダー…小さじ½
クローブ，シナモン，ナツメグ，カルダモン…すべてパウダー状のもの…各小さじ1

1. 油を中火から弱火で加熱してスパイスを炒める。
2. カレーペーストを加え，数分間かき混ぜながら熱する。必要であれば焦げ付かないようにココナッツミルクを大さじ2〜3加え，弱火で油が分離するまで加熱する。
3. 2で鶏肉を1分間炒めてから，ジャガイモと水を加え，鶏肉とジャガイモが柔らかくなるまで煮込む。
4. 濃いココナッツミルクを加え，味つけする。グレービーがとろりとするまで煮込む。

◉ガイアナのチキンカレー

ガイトリ・パグラック＝チャンドラ

タマネギ…中玉1個
ニンニク…3片
カリビアン・カレーパウダー，または
　マドラス・カレーパウダー…大さじ3〜4
ガラムマサラ…大さじ2
コリアンダーパウダー…大さじ1
クミンパウダー…小さじ1
料理用油…大さじ1〜2
鶏胸肉…450g（細かくサイコロ状に切る）
水，またはココナッツミルク…2カップ／400ml

1. タマネギとニンニクをフードプロセッサーにかけて，ごく細かく刻む。
2. スパイスをたっぷりの水に溶かし，混ぜてペースト状にして，しばらく寝かせておく。
3. 厚い鍋に油を熱し，タマネギが少々透明になるまで炒める。
4. スパイスペーストを加え，香りが出るまで炒めてから，鶏肉を加えて，ペーストとしっかり絡み合うように混ぜる。全体が透明でなくなったら，鶏肉がかぶるようにたっぷりとぬるま湯またはココナッツミルクを注ぐ。
5. 蓋をして弱火で20分から30分煮込む。白いライスかロティを添えて。

◉フリカデル

ポール・ヴァン・ライク。もともとはオランダの伝統料理。このスパイスの効いたミートボールは，南アフリカで人気の食べもので，スリランカのランプレイスという料理には欠かせない。

ヒツジ，または牛のひき肉…450g
固くなったパン（挽いたもの）…1枚
みじん切りにしたエシャロット…大さじ1
みじん切りにしたニンニク…2片
みじん切りにしたショウガ…2片
フェンネルまたはディルの葉　細かく刻んだもの…小さじ1
シナモンパウダー…小さじ½
グラウンドペッパー（粉コショウ）…小さじ½
ナツメグパウダー…小さじ½
ライム果汁…½個分
塩…少々
溶き卵…2個（1個ずつ別の容器に溶いておく）
パン粉

1. ひき肉と，溶き卵1個分以外の材料とパン粉を手で混ぜ合わせる。
2. 1をウズラの卵くらいの大きさに丸め，残りの溶き卵にひとつずつ浸してパン粉をまぶす。
3. キツネ色になるまでこんがり揚げる。揚げ油の泡が細かくなったら中まで火が通った合図。

◉タイのマッサマン・ビーフカレー

油…大さじ2
マッサマン・カレーパウダー…小さじ1 ½
煮込み用牛肉角切り…450*g*
ジャガイモ…中2個（2.5センチ角に切る）
タマネギ…1個（¼にカット）
ココナッツミルク…1 ½カップ
魚醤…大さじ1〜2　好みで調節する
砂糖…小さじ1
刻んだ赤トウガラシ…1〜5個分　好みで調節する
あぶったピーナッツ…½カップ

1. 厚い鍋（中華鍋）に油を熱し，カレーペーストを沸騰するまで炒める。
2. ピーナッツ以外の材料をすべて加え，よく混ぜる。
3. いったん沸騰したら温度を下げ，とろ火で45分から1時間，肉が柔らかくなるまで煮る。
4. 3にピーナッツを散らし，白いライスを添えて出す。

◉フィジーの魚の缶詰カレー

みじん切りにしたニンニク…2片
すりおろした生のショウガ…2.5センチ
クミンシード…小さじ½
マスタードシード…小さじ1
すりおろしたタマネギ…中玉1個
ターメリック…小さじ½
トマトペースト…大さじ1
缶詰のツナ，またはサバ…500*g*
赤トウガラシ…好みで調節する
冷凍の豆…1カップ／150*g*
ガラムマサラ…小さじ1

1. ツナ缶に入っていた油を熱して，ニンニク，ショウガ，クミン，マスタードシードを炒める（マスタードシードがパチパチはねるまで）。
2. タマネギを加え，しんなりするまで炒める。焦げつかないように，必要であれば水か油を足す。
3. ターメリックとトマトペーストを加え，ペースト状になるまでかき混ぜる。
4. 魚，トウガラシ，豆，ガラムマサラを加え，完全に火が通るまで加熱する。ロティ，またはライスを添えて。

注

邦訳書籍の書誌情報は訳者が調査した。[……] は訳者による注。

序章　カレーとは何だろう？

(1)　パタックス・インディアン・フーズは，南極でペンギンの調査をしているカレー欠乏症のイギリス人研究者たちから注文を受けた。ニューファンドランド島のセントジョンズ [北米最東端の都市。カナダの大都市の中でももっとも日照時間が少なく，霧が多く，風が強く，雪が多い] の店にはインド産のスパイスが常備されている。北京にはインド料理の店が40軒以上ある。ワルシャワのカレークラブは毎月1回，街のレストランでカレーの試食会を開いている。

(2)　イギリスとアメリカで販売されている11のカレー粉を調べたところ，すべてのカレー粉にクミン，フェヌグリーク，ターメリックが，10のカレー粉にコリアンダーシードが入っていた。以下，成分を多い順に挙げると，クローブ，フェンネルシード，ショウガ (7つの粉に含まれていた)，ニンニク，赤トウガラシ (6つ)，黒コショウ (5つ)。カレーリーフ，カルダモン，シナモン，ナツメグ，ホワイトペッパー (4つ)，トウガラシ，マスタードシード，ポピーシード (ふたつ)，そしてアニス，ベンガルグラム (ヒヨコ豆)，桂蕾，セロリの種，ディルの種，メース，タマネギ，トリファラ (アーユルヴェーダの医療用サプリにも用いられるハーブ) (ひとつ)。マドラスのカレー粉を調査したところ，カルダモン，クローブ，ナツメグのように「熱い」または「香りの強い」スパイスは含まれていなかった。また，たいていカレーリーフとトウガラシが含まれていた。

(3)　ボンベイに住んでいたカレーという名のスコットランド人が，トウガラシの入った料理が大好きだったため彼にちなんでカレーと命名されたという説，あるアイルランド人の船長が女房の財産を賭博ですってしまい，家族に馬を売って残りを食べるように強いた，そのため競馬場の飯 (カリーチ・ゴーシュト) というアイルランド語が訛ってカレーとなったという説がある。

(4)　Pietro Della Valle, The Travels of Pietra Della Valle in India, from the old

English Translation of 1664, David Burnett and Helen Saberi, The Road to Vindaloo: Curry Books and Curry Cooks (Totnes, 2008), p. 12. に掲載された引用を参照した。

第 1 章　カレーの起源

(1)　インド亜大陸にはパキスタン，バングラデシュ，ブータン，ネパール，スリランカ島，かつての英領インドの一部だった地域も含まれる。本書では，インドという言葉でこの地域全体を指す。政治的境界と言語や料理の境界が一致することは珍しい。そして，インドとその隣国の食べものの間には明確な境界線は存在しない。

(2)　Iqitdar Husain Siddiqi, 'Food Dishes and the Catering Profession in Pre-Mughal India', Islamic Culture, liv/2［Hyderabad］(April 1985), pp. 117–174.

(3)　K. T. Achaya, Indian Food: A Historical Companion (New Delhi, 1994), p. 154.

(4)　Emma Roberts, Scenes and Characteristics of Hindoostan, with Sketches of Anglo-Indian Society, 2nd edn (London, 1837), vol. i, p. 75.

(5)　リジー・コリンガム『インドカレー伝』(東郷えりか訳，河出書房新社，2006 年)

第 2 章　イギリスのカレー

(1)　Jo Monroe, Star of India: The Spicy Adventures of Curry (Chicester, 2004), p. 136. による。ただし，1998 年の調査によると，カレーの人気は，フィッシュアンドチップス，ステーキアンドチップス，チキン，ラザーニャ，ローストディナーに継ぐ第 6 位だった。

(2)　Anon., Modern Domestic Cookery (London, 1851), p. 311, Susan Zlotnick, 'Domesticating Imperialism: Curry and Cookbooks in Victorian England', Frontiers: A Journal of Women's Studies, xv1/2–3, p. 5. による引用を参照した。

(3)　F. W. Moorman, Songs of the Ridings (London, 1918) on altusage-english.org/ucle/Moorman

(4)　'Curry', in The Humorous Poetry of the English Language, ed.James Parton (New York, 1857), pp. 474–475. Zlotnick, Domesticating Imperialism, p. 10. の引用を参照した。

(5)　これは，1851 年に水晶宮で開催された万国博覧会に端を発する博覧会シリーズの一環だった。1895 年から 96 年にかけてロンドンのアールズコート

で開催されたインド帝国博覧会では，再現されたインドの町，ムガル風の庭園，蛇使い，カレーハウスが人気を呼んだ。

(6) E. P. Veeraswamy, Indian Cookery (Mumbai, 2001), pp. 9–11.

第３章　北米とオーストラリアのカレー

(1) Molly O'Neill, 'Long Ago Smitten, She Remains True to the Country Captain', New York Times, 17 April 1991; Sam Sifton, 'Master Class', The New York Times Magazine, 25 January 2009, pp. 47–48.

(2) Jane Holt, 'News of Food', New York Times, 16 January 1941.

(3) Craig Claiborne, 'Dining at the Fair', New York Times, 27 June 1964.

(4) クレイグ・クレイボーンの言葉によると，「インド人の料理人が言うように，カレー粉が元凶である」。ニューヨークタイムズ，1974 年 5 月 30 日。

(5) この項目に関する歴史的情報と引用は，メアリー・F・ウィリアムソンのすぐれた論文 'Curry: A Pioneer Canadian Dish', Multiculturalism, 1979 ii/3, pp. 21–24. による。

(6) Barbara Santich, In the Land of the Magic Pudding: A Gastronomic Miscellany (Kent Town, 2000), p. 80. に掲載された引用を参照した。

(7) Danny Katz, 'The Culinary Revolution that Just Won't Quit', 20 March 2005, theage.com.au.

第５章　アフリカのカレー

(1) 初期の奴隷のうち，インド人（おもにベンガル地方，インド南西部のマラバル海岸，インド南東部のコロマンデル海岸出身）は 36 パーセントを占めた。インドネシア出身者は 31.5 パーセント，アフリカ（おもにギニアとマダガスカル島）出身者は 37 パーセントだった。Frank R. Bradlow and Margaret Cairns, The Early Cape Muslims: A Study of their Mosques, Genealogy and Origins (Cape Town, 1978), p. 102. オランダ人に捕らえられたその他のインド人は，インドネシアへ奴隷として連れて行かれた。

(2) Hilda Gerber, Traditional Cookery of the Cape Malays (Amsterdam and Cape Town, 1957), p. 10.

(3) Laurens Van der Post, African Cooking (New York, 1970), p. 136.

(4) Said Hamdun and Noël King, Ibn Battuta in Black Africa (Princeton, 1994), congocookbook.com. に掲載された引用を参照した。

第６章　東南アジアのカレー

(1) David Thompson, Thai Food (Berkeley, ca, 2002), p. 24. に掲載された引用を参照した。

(2) 前掲書 p. 275.

(3) Jennifer Brennan, The Cuisines of Asia (New York, 1984), p. 36.

第７章　その他の地域のカレー

(1) Anneke H. Van Otterloo, 'Chinese and Indonesian Restaurants and the Taste for Exotic Food in the Netherlands: A Global-local Trend', Asian Food: The Global and the Local, ed. Katarzyna Cwiertka with B. Walraven, (Honolulu, 2001), pp 153–166.

(2) フランスの肉屋は今でもパテをキャトルエピス（ペッパー，クローブ，ショウガ，ナツメグで作るスパイスで，スパイスの使用が流行した16，17世紀の遺産）で味つけする。

(3) Keiko Ohnuma, 'Curry Rice: Gaijin Gold: How the British Version of an Indian Dish Turned Japanese', Petits Propos Culinaires, viii (1966), p. 8. に掲載された引用を参照した。

(4) Richard F. Hosking, 'India-Britain-Japan: Curry-Rice and Worcester Sauce', Hiroshima Shudo University Research Review, viii (1992).

コリーン・テイラー・セン（Colleen Taylor Sen）
シカゴ在住のフードライター。「シカゴトリビューン」，「シカゴサンタイムズ」などに寄稿している。インドの食物についての造詣が深く，『インドの食文化 *Food Culture of India*』『パコラ，パニール，パーパド――インド料理メニューのガイド *Pakoras, Paneer, Pappadums: A Guide to Indian Restaurant Menus*』という著書もある。ホームページは http://www.colleensen.com

竹田円（たけだ・まどか）
東京大学大学院人文科学研究科修士課程修了。専攻はスラヴ文学。訳書に『アイスクリームの歴史物語』『パイの歴史物語』『悲劇の女王の物語』（以上原書房），『女の子脳男の子脳――神経科学から見る子どもの育て方』（NHK出版）。翻訳協力多数。

「食《しょく》」の図書館《としょかん》

カレーの歴史《れきし》

●

2013年8月29日　第1刷

著者……………コリーン・テイラー・セン
訳者……………竹田《たけだ》 円《まどか》
装幀……………佐々木正見
発行者……………成瀬雅人
発行所……………株式会社原書房

〒160-0022 東京都新宿区新宿1-25-13
電話・代表03(3354)0685
振替・00150-6-151594
http://www.harashobo.co.jp

印刷……………シナノ印刷株式会社
製本……………東京美術紙工協業組合

ISBN978-4-562-04938-7, Printed in Japan

《「食」の図書館》

パンの歴史

ウィリアム・ルーベル
堤理華訳

ふんわり／ずっしり。丸い／四角い／平たい。変幻自在のパンには、よりよい食と暮らしを追い求めてきた人類の歴史がつまっている。多くのカラー図版で読み解く、人とパンの6千年の物語。世界中のパンで作るレシピ付。２１００円

（価格は税込）

《お菓子の図書館》
料理とワインについての良書を選定する
アンドレ・シモン賞特別賞受賞シリーズ

チョコレートの歴史物語

サラ・モス&
アレクサンダー・バデノック
堤理華訳

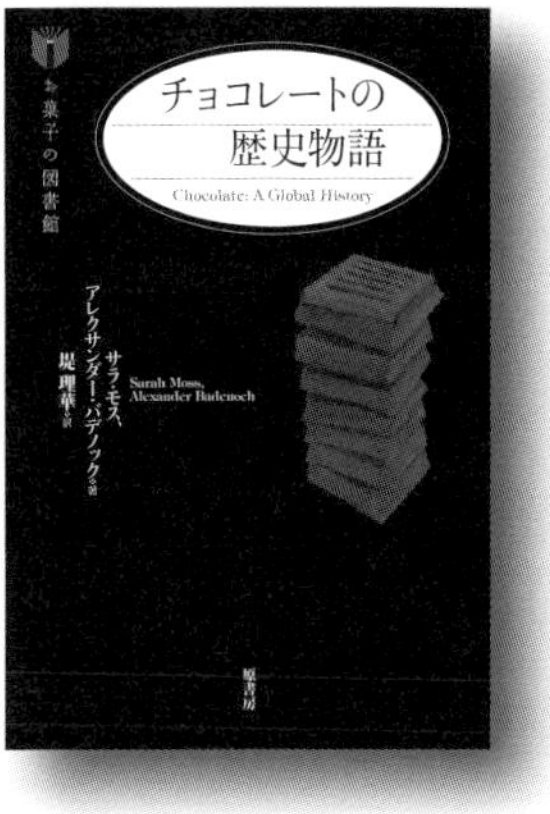

甘くて苦くて、とろけてしまう……メソアメリカで「神への捧げ物」だったカカオが、世界中を魅了するチョコレートになるまでの波瀾万丈の歴史。原産地搾取という〝負〟の歴史やチョコレート企業の考え抜かれたイメージ戦略などにも言及。

２１００円

（価格は税込）

《お菓子の図書館》

パイの歴史物語

料理とワインについての良書を選定する
アンドレ・シモン賞特別賞受賞シリーズ

ジャネット・クラークソン
竹田円訳

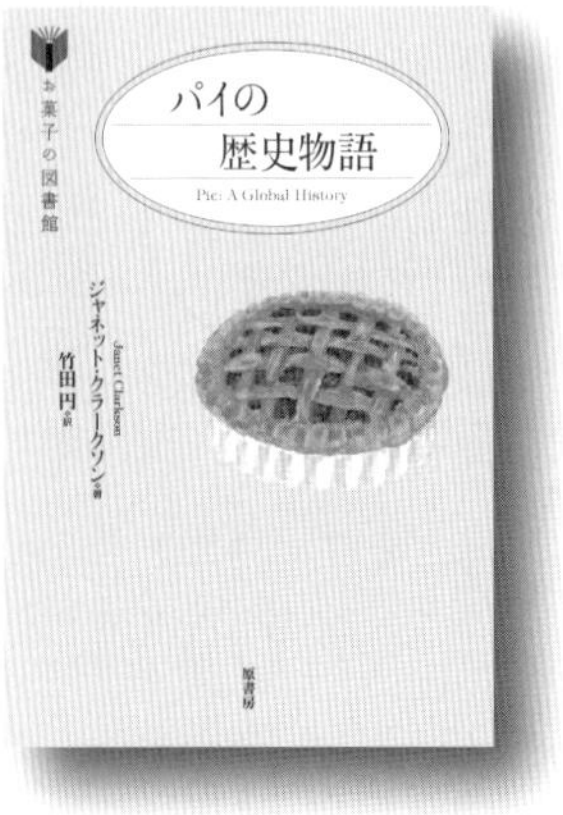

サクサクのパイは、昔は中身を保存・運搬するただの入れ物だった⁉中身を真空パックする実用料理だったパイが、芸術的なまでに進化する驚きの歴史。パイにこめられた庶民の知恵と工夫をお読みあれ。

2100円

（価格は税込）